Krisenma

Lehrbücher für den Öffentlichen
Gesundheitsdienst

Herausgegeben von Ute Teichert &
Peter Tinnemann

Akademie für Öffentliches
Gesundheitswesen in Düsseldorf

Pre-release v1.0

Pre-release v1.0

Das Management von Krisen hat in den letzten Jahren erheblich an Bedeutung gewonnen, insbesondere auch im Öffentlichen Gesundheitsdienst (ÖGD). Grundsätzlich liegt die Entscheidungshoheit im Rahmen des Krisenmanagements infektiologischer Gefahrenlagen bei den kommunalen Gesundheitsämtern.

Aufgrund der aktuellen Lage (Stand 31. März 2020) in Zusammenhang mit der Verbreitung des neuen Coronavirus stellen wir hiermit in einer Vorabversion Auszüge unseres Lehrbuchs zur Verfügung.

Instrumente des Krisenmanagements helfen Mitarbeiterinnen und Mitarbeitern im ÖGD, die Arbeitsfähigkeit der Behörden in infektiologischen Gefahrenlagen sicherzustellen. Übliche Verwaltungsstrukturen werden den Anforderungen in einer Krise in der Regel nicht gerecht. So muss beispielsweise das Informations- und Kommunikationsmanagement an den gesteigerten Aufwand angepasst werden. Bei begrenztem Fachpersonal müssen Kompetenzen deshalb zentral gebündelt und bereitgestellt werden. Das Lehrbuch soll Mitarbeitern/innen in Gesundheitsämtern, aber auch aus anderen Einrichtungen des ÖGD, praktische Hinweise geben, wie sie sich zielgerecht auf die Gefahrenabwehr in Krisensituationen vorbereiten können, und Grundlagen des Krisenmanagements vermitteln. Neben fachlichen Gesichtspunkten werden insbesondere Handlungsempfehlungen für die Einsatzplanung und Stabsarbeit gegeben. Checklisten ergänzen das Lehrbuch als praktische Hilfsmittel.

Die in diesem einzigartigen Lehrbuch zusammengefassten Inhalte beruhen auf jahrelanger theoretischer Auseinandersetzung und praktischer Erfahrung der Autoren/innen im ÖGD. **Das vorliegende Lehrbuch ist ein Gemeinschaftswerk aller beteiligten Autorinnen und Autoren und ist nicht die Meinung einzelner Institutionen oder einzelner Autoren und Autorinnen.**

Es wird zukünftig aktualisiert und erweitert werden. Wir freuen uns daher, wenn Sie uns Ihre Anregungen, Kommentare und Ergänzungen mitteilen. Schicken Sie diese bitte an lehrbuch@akademie-oegw.de

Wir nutzen **Hypothes.is** für Ihre Kommentare und Ergänzungen unseres Lehrbuches.

Impressum

Krisenmanagement

Lehrbuch für den Öffentlichen Gesundheitsdienst

ISBN 978-3-9812871-2-7

DOI 10.25815/h0ec-f967

Datum 2020

Ort Berlin

Akademie für Öffentliches Gesundheitswesen in Düsseldorf

Kanzlerstr. 4

40472 Düsseldorf

www.akademie-oegw.de

Die Akademie für Öffentliches Gesundheitswesen in Düsseldorf ist eine rechtsfähige Anstalt des öffentlichen Rechts. Gesetzlich vertreten durch die Direktorin, Frau Dr. med. Ute Teichert, MPH.

Drucken Lightning Source, Ingram Content Group Inc.

Über uns

Des Lehr- und Handbuch ist ein gemeinsames Projekt der Akademie für Öffentliches Gesundheitswesen und des Open Science Lab der TIB (Technischen Informationsbibliothek) - Leibniz-Informationszentrum Technik und Naturwissenschaften.

Finanzierung

Das Projekt wurde mit Mitteln des Bundesministerium für Gesundheit (BMG) finanziell gefördert.

Open Access

Dieses online kostenfrei zugängliche Lehr- und Handbuch soll Ihnen als Arbeitshilfe im Praxisalltag dienen. Um Forschung und Lehre zur Verbesserung der Öffentlichen Gesundheit zu fördern ist es wichtig, dass alle Mitarbeiterinnen und Mitarbeiter im ÖGD, die interessierte Fachöffentlichkeit und die Öffentlichkeit jederzeit Zugang zum bestverfügbaren Wissen zum Thema Öffentliche Gesundheit haben.Die aktuellste Version des Lehr-und Handbuchs ist on-demand gedruckt erhältlich.

Urheberrechtserklärung & Lizenz

wurden. Diese Angaben dürfen in jeder angemessenen Art und Weise gemacht werden, allerdings nicht so, dass der Eindruck entsteht, der Lizenzgeber unterstütze gerade Sie oder Ihre Nutzung besonders. Sie dürfen keine zusätzlichen Klauseln oder technischen Verfahren einsetzen, die anderen rechtlich irgendetwas untersagen, was die Lizenz erlaubt.

Es werden keine Garantien gegeben und auch keine Gewähr geleistet.

Die Lizenz verschafft Ihnen möglicherweise nicht alle Erlaubnisse, die Sie für die jeweilige Nutzung brauchen. Es können beispielsweise andere Rechte, wie Persönlichkeits- und Datenschutzrechte, zu beachten sein, die Ihre Nutzung des Materials entsprechend beschränken.

Helfen Sie uns, das Lehrbuch zu verbessern

Wir freuen uns über Kommentare und Feedback von allen, unabhängig von ihrem Fachwissen oder Hintergrund. Schreiben Sie eine E-mail an lehrbuch@akademie-oegw.de

Das Lehrbuch wird als GitHub-Repository zur Verfügung gestellt.

Nachhaltigkeit und Weiterentwicklung

Das Ergebnis des gemeinsamen Schreibprozesses wurde und wird kontinuierlich ergänzt und verbessert. Hierbei können auch Leserinnen und Leser selbst durch Feedback und Ergänzungen aktiv werden. Den Autorinnen und Autoren aller Texte ist bewusst, dass mit den bisher abgedeckten Themenbereichen nur Teile des gesamten Tätigkeitsspektrums des ÖGD dargestellt werden.

Da es sich um ein agiles Projekt handelt, das in Anbindung an die Akademie für Öffentliches Gesundheitswesen stetig weiterentwickelt werden soll, ist neben einer fortlaufenden Aktualisierung der bestehenden Kapitel auch eine Ergänzung durch weitere Themengebiete möglich.

Methode

Alle Texte wurden mit der sogenannten **Book Sprint** Methode erarbeitet und verfasst. Ein **Book Sprint** ist eine agile Methode, um in kurzer Zeit gemeinsam längere und komplexere Texte zu schreiben. Alle Book Sprints wurden gemeinsam von der Akademie für Öffentliches Gesundheitswesen und dem Open Science Lab der Technischen Informationsbibliothek (TIB) organisiert und durchgeführt. Die Methode Book Sprint erlaubt eine zielorientierte Erstellung digitaler Inhalte.

Die Methode beruht auf den Prinzipien der Weitergabe (Sharing), der gemeinsamen Entwicklung (Co-Development), der Vernetzung der Teilnehmenden (Community Building) und einer geteilten Verantwortung für das gemeinsame Produkt (Collective Ownership). Diese offene, transparente Methode wurde an mehreren Institutionen, unter anderem der TIB, bereits mehrfach erfolgreich angewendet. Dabei wird sich an zuvor definierten Ziel-Kompetenz-Profilen, in der bisherigen Lehre erprobten Lehrmodulen und an praktischen Anwendungsbeispielen (Use Cases) orientiert.

Autorinnen und Autoren schreiben unter Nutzung digitaler Technologien. Diese ermöglichen einen gemeinsamen, parallelen Schreibprozess an Texten, die in vollem Umfang und bis zum Endergebnis als gemeinsames Produkt konzipiert und verstanden werden. Auf diese Weise entstehen Buchkapitel oder ganze Bücher. Wir haben in intensiven dreitägigen Book Sprints mit bis zehn Fachleute zu einem ausgewählten Thema gearbeitet. Dabei entwickeln die Teilnehmenden unter moderierter Anleitung eines/einer medienpädagogisch erfahrenen Book Sprint Moderators/-in gemeinsam Inhalte zu ausgewählten Themen, die relevant für die Arbeit im ÖGD sind.

Entstehungsprozess

Dieses Lehr- und Handbuch ist ein gemeinsames Projekt der Akademie für Öffentliches Gesundheitswesen und des Open Science Lab der Technischen Informationsbibliothek des Leibniz-Informationszentrums Technik und Naturwissenschaften.

Fachleute aus unterschiedlichen Bereichen im ÖGD, gemeinsam mit Lehrenden der Akademie, haben ab 2019 in sogenannten Book Sprints in gemeinsamer Autorenschaft Texte für diese Lehrbuchreihe verfasst.

Auf die Phase des initialen kollaborativen Schreibprozesses folgte eine Lektoratsphase, wobei inhaltliche Ergänzungen und Überarbeitungen kontinuierlich durch- und eingefügt werden. Die Texteiträge beruhen auf breiter einschlägiger Literatur, praktischen Erfahrungen langjähriger ÖGD-Mitarbeiterinnen und Mitarbeiter sowie Erfahrungen und Anregungen von Nachwuchs Fachkräften mit Interesse an Öffentlicher Gesundheit.

In allen Lehrbüchern werden gemeinsam festgelegte Kapitel zu u.a. Geschichte, Zielen, Aufgaben und Strukturen sowie Begriffsdefinitionen umfangreich beschrieben. Jedes Buch wurde als umfassende und in sich geschlossene Abhandlung aufgebaut und kann sowohl in Ergänzung zu den anderen Büchern gelesen als auch isoliert als Nachschlagewerk behandelt werden.

Die gesamte Lehrbuchreihe ist als Open Educational Resource (OER) angelegt und ist unter einer offenen Lizenz veröffentlich, die kostenlosen Zugang sowie die kostenlose Nutzung, Bearbeitung und Weiterverarbeitung durch Andere ohne oder mit geringfügigen Einschränkungen ermöglichen.

Das Lehrbuch ist in aktualisierter Form auch als gedrucktes Lehrbuch kostengünstig on-demand erhältlich.

Haftungsausschluss (Disclaimer)

Die in diesem einzigartigen Lehrbuch zusammengefassten Inhalte beruhen auf jahrelanger theoretischer Auseinandersetzung und praktischer Erfahrung der Autoren/innen im Öffentlichen Gesundheitsdienst. Die in diesem Lehrbuch enthaltenen Informationen sollen hilfreiche Informationen zu den besprochenen Themen liefern.

Das vorliegend Lehrbuch ist ein Gemeinschaftswerk aller beteiligten Autorinnen und Autoren und ist nicht die Meinung einzelner Institutionen für die die beteiligten Autoren/innen arbeiten.

Die Autoren/innen, Herausgeber/innen und die Akademie für Öffentlichs Gesundheitswesen bemühen sich nach bestem Wissen und Gewissen, dass die über dieses Buch zugänglichen Informationen korrekt, vollständig oder aktuell sind, aber übernehmen hierfür keine Gewähr. Sie stellen dieses Lehrbuch und seinen Inhalt ohne Mängelgewähr zur Verfügung und machen keine Zusicherungen oder Garantien jeglicher Art in Bezug auf dieses Buch oder seinen Inhalt.

Weder haften die Autoren/innen, die Herausgeber/innen, die Akademie für Öffentliches Gesundheitswesen noch andere Mitwirkenden für Schäden, die sich aus oder im Zusammenhang mit der Verwendung dieses Buches ergeben. Dies ist eine umfassende Haftungsbeschränkung, die für alle Schäden jeglicher Art gilt, einschließlich (ohne Einschränkung) entschädigend; direkte, indirekte oder Folgeschäden; Verlust von Daten, Einkommen oder Gewinn; Verlust von oder Sachschäden und Ansprüche Dritter.

Beteiligte

Autoren/innen

Dipl.-Med. Heidrun Böhm
Sächsisches Staatsministerium für Soziales und Gesellschaftlichen Zusammenhalt, Dresden

Detlef Cwojdzinski
ehemals Senatsverwaltung für Gesundheit, Pflege und Gleichstellung, Berlin

Ulrike Grote, MPH
Robert Koch-Institut, Berlin

Dr. med. Kalle Heitkötter
Gesundheitsamt, Düsseldorf

Dr. med. Christine Knauer
Gesundheitsamt, Kreisverwaltung Rhein-Pfalz-Kreis

Dr. med. Ingrid Möller
Gesundheitsamt, Stadt Leipzig

Guido Pukropski
Bezirksverwaltung, Düsseldorf

Dr. rer. nat. Julia Sasse
Robert Koch-Institut, Berlin

Tanja Schmidt, MPH
WHO Regional Office for Europe, Copenhagen

Dr. med. Ute Siering
Gesundheitsamt, Landkreis Ludwigslust-Parchim

Dr. med. Karlin Stark
Regierungspräsidium, Stuttgart

Dr. med. Katrin Steul, BSc.
Gesundheitsamt, Stadt Frankfurt am Main

Dr. med. Peter Tinnemann, MPH
Akademie für Öffentliches Gesundheitswesen, Berlin

Anerkennung & Danksagung

Anna Eckhardt und **Lambert Heller** für die Unterstützung bei der Entwicklung des Projektes und der Durchführung der Book Sprints.

Dr. med. Jakob Schumacher und **Simon Worthington** für die Unterstützung bei der Umsetzung des Projektes und die technische Umsetzung auf GitHub.

Bernd Schiller und **Petra Münstedt** für die sorgfältige Durchsicht und umsichtigen Korrekturen des Textes im gesamten Werkes.

Dr. med. Claudia Kaufhold und **André Riffer** für die Durchsicht auf thematische und inhaltliche Konsistenz und Korrektheit.

Johannes Wilm, und das **FidusWriter.org Team**, für die technische Unterstützung.

Dem **Bundesministerium für Gesundheit,** das die gemeinsame Erarbeitung unseres Lehrbuches gefördert hat. Ohne diese Unterstützung wäre das Projekt nicht möglich gewesen.

Dr.med. Ute Teichert für den Enthusiasmus und die tatkräftige Unterstützung des Projektes.

Inhalt

Definitionen

Im Infektionschutz und im Bevölkerungsschutz werden viele Begrifflichkeiten und Abkürzungen benutzt, die sich nicht in jedem Fall sofort erschließen. Das Robert Koch-Institut (RKI) und das Bundesamt für Bevölkerungsschutz und Katastrophenhilfe (BBK) erläutern gebräuchliche Fachbegriffe.

Das RKI stellt Definitionen, Hinweise sowie Interpretationen zu **Fachwörtern zum Infektionsschutz und zur Infektionsepidemiologie** online.

Der Bevölkerungsschutz beschreibt als Oberbegriff alle Aufgaben und Maßnahmen der Kommunen und der Länder im Katastrophenschutz sowie des Bundes im Zivilschutz. In einem Praxis-Glossar definiert das BBK **"Ausgewählte zentrale Begriffe des Bevölkerungsschutzes"**.

Wichtig für die Situation der Coronavirus SARS-CoV-2 Ausbreitung sind die Definitionen der folgenden Begriffe:

Ausbruch

Plötzliches vermehrtes – lokalisiertes oder verstreutes – Auftreten von Erkrankungsfällen, die das zu erwartende Maß dieser Krankheit, zu dieser Zeit, an diesem Ort und in dieser Population überschreiten und bei denen eine gemeinsame Quelle bzw. ein epidemischer Zusammenhang sehr wahrscheinlich oder gesichert ist. Es handelt sich damit um eine auf eine gemeinsame Ursache zurückführbare Häufung von Erkrankungsfällen.

Als Ausbrüche werden mehrere nach diagnostischen Kriterien einheitliche und in einem epidemiologischen Zusammenhang stehende Fälle gewertet. Bei besonderer klinisch-epidemiologischer Bedeutung (seltene und gefährliche Krankheiten) gelten ggf. schon einzelne Fälle als Ausbruch. Es gibt keine scharfe Grenze zum Begriff der Epidemie und auch keinen grundsätzlichen Unterschied, weil eine Epidemie in diesem Sinne ein großer Ausbruch ist.

- **Sekundärausbruch:** Ein weiterer Ausbruch im Umfeld eines bereits bekannten Ausbruchs mit einem bestehenden Zusammenhang (z.B. zusammenhängende Ausbrüche in einer Familie oder in einer Gemeinschaftseinrichtung).

- **Satellitenausbruch:** Kleiner Ausbruch, der im kausalen Zusammenhang mit einem räumlich entfernten größeren Geschehen steht.

Endemie

Ständiges (zeitlich unbegrenztes) Vorkommen einer Krankheit oder eines Erregers in einem bestimmten Gebiet oder einer bestimmten Bevölkerung. Innerhalb der Bevölkerung in einem gewissen Gebiet haben alle Personen ein ähnliches Risiko an der Krankheit zu erkranken.

Epidemie

Erkrankungswelle, epidemisches Geschehen; im Vergleich zur Ausgangssituation treten bestimmte Erkrankungsfälle mit einheitlicher Ursache vermehrt auf, der Prozess ist zeitlich und räumlich begrenzt.

Pandemie (engl.: pandemic)

Eine neu, aber zeitlich begrenzt, in Erscheinung tretende, weltweite starke Ausbreitung einer Infektionskrankheit mit hohen Erkrankungszahlen und in der Regel auch mit schweren Krankheitsverläufen. Bei einer fortgesetzten Mensch-zu-Mensch-Übertragung (z.B. durch ein neuartiges Influenzavirus) kann die Weltgesundheitsorganisation nach den Internationalen Gesundheitsvorschriften eine Pandemie "deklarieren".

Unabhängig von der Deklaration einer Pandemie kann die Weltgesundheitsorganisation bereits vor dem Beginn, z.B. beim Auftreten eines neuartigen humanpathogenen Erregers oder einer aus gesundheitlicher Sicht sich zuspitzenden Gefahrensituation, eine "Gesundheitliche Notlage von internationaler Tragweite" (engl. Health Emergency of International Concern) deklarieren.

Einsatzplanung

Im Folgenden wird die spezifische Einsatzplanung für Gesundheitsbehörden in infektiologischen Gefahrenlagen vorgestellt und Prinzipien eingeführt.

Die Erstellung von Einsatzplänen für infektiologische Gefahrenlagen ist Aufgabe von Bund, Ländern und Kommunen. Einheitliche Vorgaben für die Erstellung der Pläne gibt es nicht. Allerdings existieren teilweise Rahmenpläne auf Bundesebene, wie z.B. für die **Influenza-Pandemieplanung**, sowie **Ergänzungen zum Nationalen Pandemieplan - COVID 19 - neuartige Coronaviruserkrankung** oder für den **Ebolaverdachtsfall**, die koordinierend vom RKI erstellt worden sind.

Daneben sind in einigen Bundesländern durch die obersten Landesgesundheitsbehörden Pläne für Virale hämorrhagische Fieber (VHF-Pläne), Infektionsalarmpläne bzw. Pläne für Viruserkrankungen mit großen Konsequenzen (High Consequence Infectious Diseases, HCID) erarbeitet worden. Alle Länder haben Pläne für eine Influenzapandemie erstellt. Ferner werden durch die Innenressorts der Länder Rahmenalarm- und Einsatzpläne für den Katastrophenschutz erstellt. Alle diese Pläne können als Grundlage für die spezifischen Planungen auf regionaler Ebene dienen.

Einsatzpläne für Krisensituationen werden häufig in Form von Rechtsvorschriften erstellt. Diese sind im Einsatzgeschehen schwer zu lesen und nicht nach den Gesichtspunkten gegliedert, wie es für den Einsatzfall nötig wäre. Häufig werden keine elektronischen Systeme für die Erstellung der Einsatzpläne genutzt. Die manuelle Erstellung und Pflege ist aufwendig. Deshalb ist der Aufwand der Aktualisierung erheblich. Dies führt dazu, dass Pläne nicht immer aktuell sind.

Die Inhalte der Pläne müssen vor einem Einsatz den Mitarbeiterinnen und Mitarbeitern in Schulungen vermittelt und möglichst in Übungen mit ihnen erprobt werden.

MERKE: Pläne werden nur dann erfolgreich umgesetzt, wenn Inhalte regelmäßig aktualisiert und Nutzern in Schulungen vermittelt werden.

Ziele einer erfolgreichen Einsatzplanung

In einem Einsatzplan werden mögliche Maßnahmen beschrieben, die in einer besonderen Situation, z.B. Gefahrenlage bei einer Epidemie, durch die Mitarbeitenden einer Behörde umgesetzt werden müssen.

Einsatzpläne müssen aktuelle Informationen enthalten, selbsterklärend sein und nach einheitlichen Strukturen aufgebaut sein. Komplexe, unübersichtliche Pläne sind nicht zielführend. Checklisten und graphische Prozessdarstellungen erleichtern das Verständnis und ermöglichen eine schnelle Orientierung im Einsatzfall.

Für Einsatzpläne hat sich folgende Strukturierung bewährt:

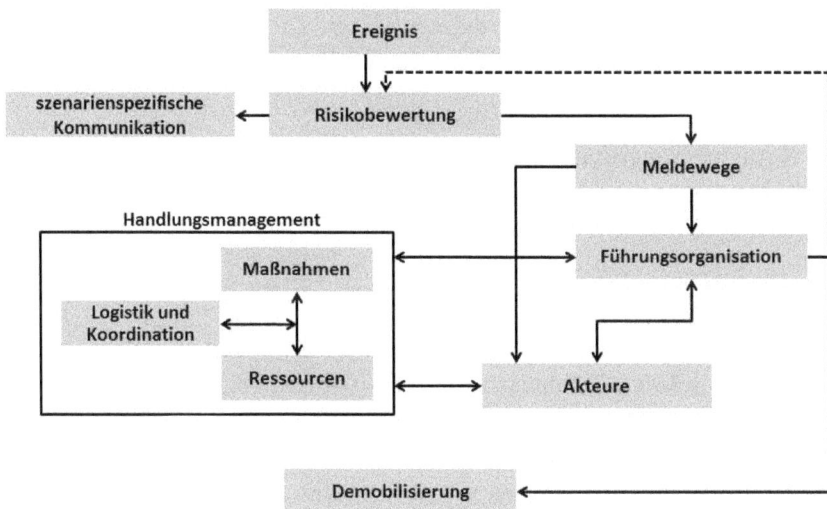

Abbildung 1: Struktur eines Einsatzplanes

In der Abbildung sind einzelne Punkte eines Einsatzplans in Form eines Ablaufschemas dargestellt. Sie können als Gliederung für einen Einsatzplan verwendet werden.

Im Folgenden werden die einzelnen Unterpunkte eines Einsatzplans erläutert.

Risikobewertung

Neben der allgemeinen Risikobewertung zum Bevölkerungsschutz, die die Landkreise/kreisfreien Städte bzw. Länder durchführen müssen, sollten die verantwortlichen Gesundheitsbehörden für ihre Region eine fachspezifische **Risikobewertung im Bevölkerungsschutz** vorbereitend durchführen.

Auf Basis dieser Risikobewertung ist im Einsatzfall von der Gesundheitsbehörde eine ereignisspezifische Analyse durchzuführen, bevor die Einsatzmaßnahmen eingeleitet werden. Bei Bedarf sind andere Behörden zu beteiligen. In einer solchen Risikoananalyse können beispielhaft folgende Faktoren berücksichtigt werden:

1. Anzahl der Betroffenen
2. Mortalität/Letalität
3. örtliche Ausbreitung
4. Ausbreitungswahrscheinlichkeit
5. Ausbreitungsdynamik
6. Art des Agens (biologisch, chemisch, ...)

Szenarienspezifische Kommunikation

Für die Kommunikation mit Partnern, der Bevölkerung oder der Presse muss in besonderen Gefahrenszenarien jeweils spezifisch festgelegt werden, wer die Federführung hat und verantwortlich ist, welche Strategie eingesetzt wird und welche anderen Behörden und Einrichtungen beteiligt werden müssen. Ferner sind die grundsätzlichen Ziele der Kommunikation, die konkreten Inhalte sowie Instrumente der Pressarbeit und die Zielgruppen zu bestimmen. (*siehe Kapitel: Kommunikation*)

Neben der Kommunikation mit externen Partnern ist auch zu beachten, dass innerhalb einer Behörde die Mitarbeiterinnen und Mitarbeiter informiert werden. Im Krisengeschehen sollten alle ausreichend informiert sein, um in angespannten Arbeitssituationen Verständnis für die besondere Lage zu haben.

Alarmierung

Die regionalen Gesundheitsbehörden erhalten im Einsatzfall in der Regel ihre Alarmierung über verantwortliche Leitstellen, obere und oberste Landesgesundheitsbehörden werden häufig über zentrale Stellen, z.B. das Lagezentrum der Polizei, informiert.

In den Gesundheitsbehörden sind die internen Alarmierungs- und/oder Benachrichtungsverfahren für das eigene Personal und ggf. für zu beteiligende weitere Einrichtungen zu planen. Sinnvollerweise sollte auf bestehende Alamierungssysteme in Behörden zurückgegriffen werden. Unter Umständen kann man bei Dritten, z.b. Leitstelle der Feuerwehr, eigene Alarmierungskreise einrichten lassen, sodass das amtsinterne Personal des Gesundheitsamtes ohne weiteren Aufwand auf direktem Weg durch technische Hilfsmittel alamiert wird. Alarmierungs- und Benachrichtigungslisten sind regelmäßig zu aktualisieren. Alarmierungsübungen können genutzt werden, um die Aktualität der professionellen und privaten Kontaktdaten zu überprüfen.

Meldewege

In Ereignissen mit krisenhaftem Charakter ist das frühzeitige Erkennen, Validieren und Bewerten einer Lage Voraussetzung für die schnelle Einleitung von spezifischen Kontroll- und Präventionsmaßnahmen. Gemäß Art. 6 der **Internationalen Gesundheitsvorschriften** (IGV) und gemäß Art. 9 des **Beschlusses Nr. 1082/2013/EU des Europäischen Parlaments und des Rates zu schwerwiegenden grenzüberschreitenden Gesundheitsgefahren** vom 22. Oktober 2013 ist Deutschland rechtlich verpflichtet, unverzüglich Ereignisse international zu melden, die eine gesundheitliche Notlage von internationaler Tragweite darstellen können oder die eine schwerwiegende grenzüberschreitende Gesundheitsgefahr darstellen. Die Übermittlung dient der Frühwarnung, der Bereitstellung von Informationen für eine rasche Bewertung, der frühzeitigen Information aller Akteure und ggf. einer gemeinsamen Koordinierung. Sie erfolgt vom Gesundheitsamt über die zuständige Landesbehörde an die nationale Bundesbehörde.

Dies ist für

- biologische Ereignisse das RKI
- für chemische Ereignisse das BBK und

- für radiologisch-nukleare Ereignisse das BMU.

Für **Übermittlungen im biologischen Bereich** stellt das RKI einen Übermittlungsbogen zur Verfügung; eine Vorlage für **Übermittlungen von Gefahren im chemischen Bereich** gibt es vom BBK.

Gemäß IGV Anlage 2 (siehe Abbildung 2) sind das Auftreten von Pocken, Poliomyelitis (verursacht durch den Wildtyp), humaner Influenza (verursacht durch ein neuartiges Virus) und des Schweren Akuten Respiratorischen Syndroms (SARS) auf jeden Fall zu melden.

> "Am 30.01.2020 hat die WHO den Ausbruch (von COVID-19) zur gesundheitlichen Notlage von internationaler Tragweite erklärt und eine koordinierte und intensivierte internationale Ausbruchsbekämpfung entsprechend den Internationalen Gesundheitsvorschriften (IGV/IHR) als zwingend notwendig erachtet, auch um Länder mit schwächerem Gesundheitssystem besser zu unterstützen." (COVID-19, Informationen für Beschäftigte und Reisende, Auswärtiges Amt, Stand 28.02.2020)

Das Auftreten von Cholera, Gelbfieber, Lungenpest, viralem hämorrhagischen Fieber oder West-Nil-Fieber sowie andere Ereignisse, die von internationaler Tragweite für die öffentliche Gesundheit sein können, sind unter bestimmten Umständen an die WHO zu melden.

ANLAGE 2

ENTSCHEIDUNGSSCHEMA ZUR BEWERTUNG UND MELDUNG VON EREIGNISSEN, DIE EINE
GESUNDHEITLICHE NOTLAGE VON INTERNATIONALER TRAGWEITE DARSTELLEN KÖNNEN

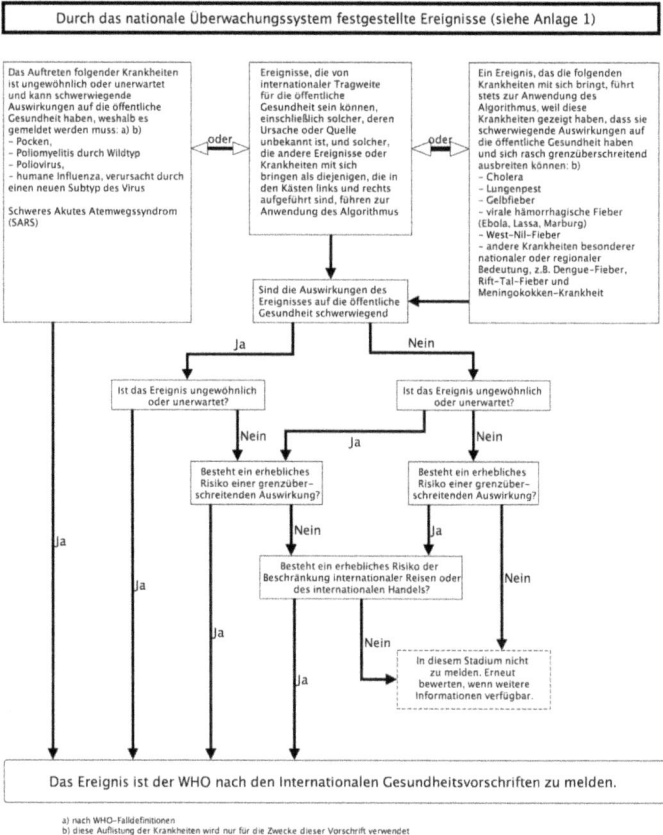

Durch das nationale Überwachungssystem festgestellte Ereignisse (siehe Anlage 1)

Das Auftreten folgender Krankheiten ist ungewöhnlich oder unerwartet und kann schwerwiegende Auswirkungen auf die öffentliche Gesundheit haben, weshalb es gemeldet werden muss: a) b)
– Pocken,
– Poliomyelitis durch Wildtyp
– Poliovirus,
– humane Influenza, verursacht durch einen neuen Subtyp des Virus

Schweres Akutes Atemwegssyndrom (SARS)

oder

Ereignisse, die von internationaler Tragweite für die öffentliche Gesundheit sein können, einschließlich solcher, deren Ursache oder Quelle unbekannt ist, und solcher, die andere Ereignisse oder Krankheiten mit sich bringen als diejenigen, die in den Kästen links und rechts aufgeführt sind, führen zur Anwendung des Algorithmus

oder

Ein Ereignis, das die folgenden Krankheiten mit sich bringt, führt stets zur Anwendung des Algorithmus, weil diese Krankheiten gezeigt haben, dass sie schwerwiegende Auswirkungen auf die öffentliche Gesundheit haben und sich rasch grenzüberschreitend ausbreiten können: b)
– Cholera
– Lungenpest
– Gelbfieber
– virale hämorrhagische Fieber (Ebola, Lassa, Marburg)
– West-Nil-Fieber
– andere Krankheiten besonderer nationaler oder regionaler Bedeutung, z.B. Dengue-Fieber, Rift-Tal-Fieber und Meningokokken-Krankheit

Sind die Auswirkungen des Ereignisses auf die öffentliche Gesundheit schwerwiegend

Ja — **Ist das Ereignis ungewöhnlich oder unerwartet?** — Nein

Nein — **Ist das Ereignis ungewöhnlich oder unerwartet?** — Nein

Ja

Besteht ein erhebliches Risiko einer grenzüberschreitenden Auswirkung? — Nein

Besteht ein erhebliches Risiko einer grenzüberschreitenden Auswirkung? — Nein

Ja

Besteht ein erhebliches Risiko der Beschränkung internationaler Reisen oder des internationalen Handels? — Nein

Ja

Nein — **In diesem Stadium nicht zu melden. Erneut bewerten, wenn weitere Informationen verfügbar.**

Ja

Das Ereignis ist der WHO nach den Internationalen Gesundheitsvorschriften zu melden.

a) nach WHO-Falldefinitionen
b) diese Auflistung der Krankheiten wird nur für die Zwecke dieser Vorschrift verwendet

Abbildung 2: Entscheidungsschema zur Bewertung und Meldung von Ereignissen im Rahmen der IGV (Quelle: BKK)

Das Gesundheitsamt unterrichtet über die zuständige Landesbehörde die nationale Ebene, wenn die bloße Möglichkeit besteht, dass ein Ereignis nach den Kriterien der Anlage 2 der IGV eine gesundheitliche Notlage von internationaler Tragweite darstellen könnte.

Die abschließende Bewertung, ob ein Ereignis an die Weltgesundheitsorganisation oder die verantwortlichen Behörden der Europäischen Union zu melden ist, erfolgt durch die jeweilige Bundesbehörde.

Führungsorganisation

Mitarbeitende der Gesundheitsbehörden müssen über die allgemeine Führungsorganisation für Großschadenslagen und Katastrophen informiert sein (*siehe: Kapitel Stabsarbeit*).

In Einsatzplänen der involvierten Gesundheitsbehörden muss die Führungsverantwortung für spezielle Szenarien festgelegt werden. Diese Verantwortung muss eindeutig sein. Bei mehreren beteiligten Behörden müssen Zuständigkeiten klar geregelt sein.

Dabei ist es bei einem Einsatz an Ereignisorten sinnvoll, dass die Führungskraft des Gesundheitsamtes, optisch für alle Beteiligten, z.B. durch eine Weste, erkennbar gekennzeichnet ist.

Akteure und Aufgaben

Abhängig vom Szenario werden unterschiedliche Akteure, wie Individuen und Institutionen, mit unterschiedlichen Zuständigkeiten im Ereignisfall tätig. In dem Einsatzplan muss ersichtlich sein, welcher Akteure für welche Aufgaben verantwortlich bzw. zuständig ist. Dabei ist auch festzulegen, wer die Federführung bei bestimmten Aufgaben hat und wer mitwirkt.

Einsatzmaßnahmen

Die Einsatzmaßnahmen sind abhängig vom jeweils vorliegenden Szenario. In der Toolbox dieses Handbuches sind eine Reihe von Handlungsempfehlungen dargestellt (**siehe Kapitel: Toolbox**).

Einsatzmaßnahmen können durch gesetzliche Regelungen bedingt sein. Im Bereich des Öffentlichen Gesundheitsdienstes ergeben sie sich z.B. aus dem Infektionschutzgesetz, der Trinkwasserverordnung bzw. aus den Gesundheitsdienstgesetzen der Länder. Andere Maßnahmen, auch ohne gesetzliche Grundlage, müssen individuell in den Einsatzplänen festgelegt werden.

Nicht alle Einsatzmaßnahmen werden zwingend in einem tatsächlichen Geschehen zur Anwendung kommen. Andere wiederum werden spontan nötig werden und sind ggf. nicht vorgeplant.

Die Toolbox des Handbuches ist als Werkzeugkasten zu verstehen, aus dem im Einsatz das richtige Werkzeug individuell entnommen werden kann. Einsatzmaßnahmen, die nicht beschrieben sind, müssen von der verantwortlichen Stabsorganisation flexibel organisiert und angewendet werden.

Logistik und Koordination

Die Koordination logistischer Maßnahmen kann im Einsatzfall viel Personal binden. Proben- und Entsorgungsmanagement können beispielhaft als Aufgaben im Bereich der Logistik benannt werden. Deshalb sollte der Schwerpunkt einer gute Einsatzplanung in diesem Bereich liegen, um im Krisengeschehen eine Entlastung zu erfahren.

Ressourcen

In manchen Situationen werden die benötigten Ressourcen von Dritten bereitgestellt. Hierzu gehören u.a Versorgungsmöglichkeiten im Krankenhaus, die Verfügbarkeit von Impfstoffen und Antidota. Wer, was, wann bereitstellt, sollte als Information in Einsatzplänen aufgenommen sein, da eine Abfrage im Einsatzfall viel Zeit kostet und daher unbedingt vermieden werden muss.

Andererseits müssen bestimmte Materialien, die im Einsatzfall nicht lieferbar sind, bzw. schnell zur Engpassressource werden, in den Gesundheitsbehörden vorgehalten werden. Ein wichtiges Beispiel ist hier die sogenannte Persönliche Schutzausrüstung (PSA).

Checklisten für den Einsatz

Eine sinnvolle und wichtige Maßnahme für einen geordneten Betrieb sind Checklisten, in denen schriftlich fixiert ist, welche Informationen wann benötigt bzw. abgefragt werden müssen. Ein gutes Beispiel sind Checklisten in der Luftfahrt, die Piloten vor Abflug eines Flugzeuges durchgehen.

Im Krisenfall geben Checklisten eine wichtige Handlungssicherheit. Sie schaffen die Möglichkeit, intuitives Handeln und die Vollständigkeit von getroffenen Maßnahmen zu überprüfen. Im Handbuch werden

Checklisten an verschiedenen Stellen zur Unterstützung für die handelnden Gesundheitsbehörden zur Verfügung gestellt.

Stabsarbeit

Relevanz eines Arbeits-/ Krisenstabes

Die etablierten Verwaltungsstrukturen der Gesundheitsämter, aber auch der anderen Einrichtungen des Öffentlichen Gesundheitsdienstes, sind in der Regel nicht vorbereitet, um die Herausforderungen z.b. einer infektiologischer Gefahrenlage bzw. Krisensituation unverzüglich, fehlerfrei und in einer einheitlichen Führung zu bewältigen. Um den Anforderungen gerecht zu werden, bietet es sich auch für die Behörden des ÖGD an, bei solchen Ereignissen, im Stabsmodus zu arbeiten. Das Arbeiten in den Strukturen eines Arbeits- bzw. Krisenstabes ähnelt der Arbeit in Projekten. Unter einer einheitlichen Führung ist die Erfüllung von Aufgaben zu überwachen, Termine sind zu koordinieren und Entscheidungen sind zu dokumentieren.

Neben den Maßnahmen zur (Krisen-)Bewältigung der dringlichen Aufgaben, die sich z.B. aus einer akuten infektiologischen Gefahrenlage ergeben, muss gewährleistet sein, dass auch alle anderen unverzichtbaren hoheitlichen Aufgaben (Ausbruchsmanagement, Leichenschau, Meldewesen u.ä.) ggf. mit reduziertem Personal/Ressourcen sichergestellt werden können. Dazu ist eine Aufgabenpriorisierung unverzichtbar.

Bei einer stabsmäßigen Arbeit im Gesundheitsamt bzw. anderer Behörden im ÖGD sollten die Strukturen berücksichtigt werden, die im Kreis, in der Stadt bzw. im Land für die Gefahrenabwehr und den Katastrophenschutz vorhanden sind. Es ist zu klären, ob in einer Gesundheitslage die Führung vom Gesundheitsbereich übernommen wird. Hierzu gibt es unterschiedliche Modelle in den Ländern. Teilweise liegt die Federführung im Gesundheitsbereich, teilweise werden gemeinsame Stäbe von Gesundheits- und Innen-/Katastrophenschutzbereich gebildet.

Organisation & Führung von Stäben

Zur Bewältigung von Schadenslagen und Katastrophen gibt es drei relevante Komponenten der Führung:

- die politisch gesamtverantwortliche Komponente,
- die operativ-taktische Komponente und

- die administrativ-organisatorische Komponente.

Diese Strukturen finden sich weigehend gleichartig auf Ebene der Landkreise und kreisfreien Städte in Deutschland wieder.

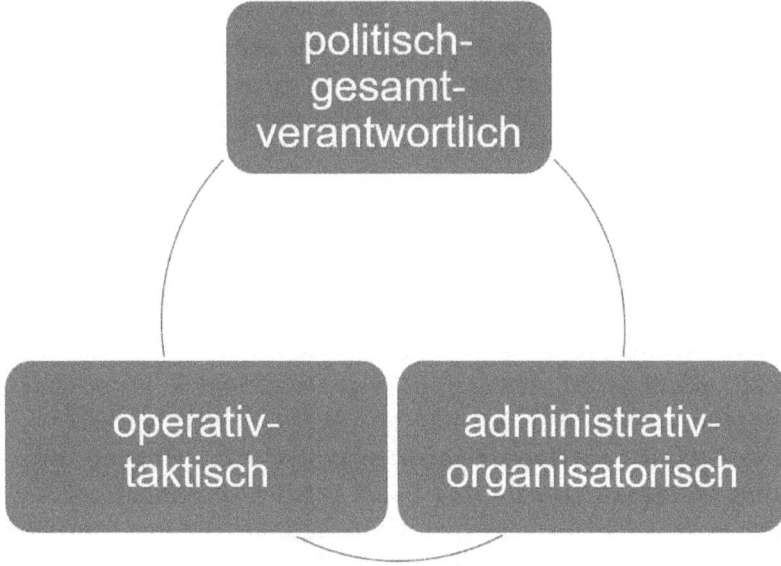

Abbildung 3: Komponenten der Führung

Politisch-gesamtverantwortliche Komponente

Die politisch-gesamtverantwortliche Leitung (z.B. Bürgermeister/in, Landrät/in, Minister/in) wird insbesondere bei weiträumigen und länger andauernden Großschadensereignissen oder in Katastrophenfällen, aber auch bei infektiologischen Gefahrenlagen nötig. In diesem Rahmen hat die politische Gesamtverantwortung die Aufgabe zur Veranlassung und Verantwortung sowohl von Einsatzmaßnahmen (operativ-taktisch) als auch Verwaltungsmaßnahmen (administrativ-organisatorisch). Zur Erledigung der Maßnahmen dienen – je nach Landesregelung - entweder zwei getrennte Stäbe (Führungsstab bzw. Katastrophenschutzstab und Verwaltungsstab) oder ein Gesamtstab, in dem beide Aufgabenbereiche integriert sind.

Operativ-taktische Komponente

Auf operativ-taktischer Ebene kommt als Führungsmittel bei Schadenslagen unterhalb der Katastrophenschwelle, d.h. bei Großschadenslagen, der „Führungsstab" und bei größerer Schadenslagen oberhalb der Katastrophenschwelle der „Katastrophenschutzstab" zum Einsatz. Beide Stäbe sind in der Regel mit den gleichen Personen besetzt; die Anzahl der Stabsmitglieder kann jedoch bei einem Führungsstab geringer sein. Stabsstrukturen wachsen parallel zum Umfang eines Schadensereignisses auf.

Dienstvorschrift DV 100 "Führung und Leitung im Einsatz"

Alle Katastrophenschutzorganisationen (Feuerwehr, Rettungsdienst, Polizei/ Ordnungsbehörden und Hilfsorganisationen) in Deutschland arbeiten im Einsatz, also auch im Stab, nach einer gleichartigen Dienstvorschrift (z. B. **Feuerwehr-Dienstvorschrift „Führung und Leitung im Einsatz"** (FwDV 100). Damit sich die Gesundheitsbehörden in diesem System der Führungstruktur zurechtfinden, ist eine frühzeitige Einbindung in das Gefahrenabwehrsystem sinnvoll.

Die jeweilige Dienstvorschrift ist für alle Gefahrenabwehrbehörden das Führungsinstrument auf der Stadt- bzw. der Landkreisebene zur Bewältigung größerer Schadenslagen und Katastrophen. Durch die Dienstvorschrift werden alle Vertreter der wesentlichen Bereiche der Gefahrenabwehr und Gesundheitsvorsorge gleichermaßen verantwortlich in eine einheitliche Führung eingebunden.

Ein Führungs- bzw. Katastrophenschutzstab beschäftigt sich mit allen anfallenden operativ-taktischen Maßnahmen, z.B. Abschnittsbildung, Bereitstellen von Einsatzkräften und Reserven oder dem Aufbau und Betrieb einer Kommunikationsstruktur.

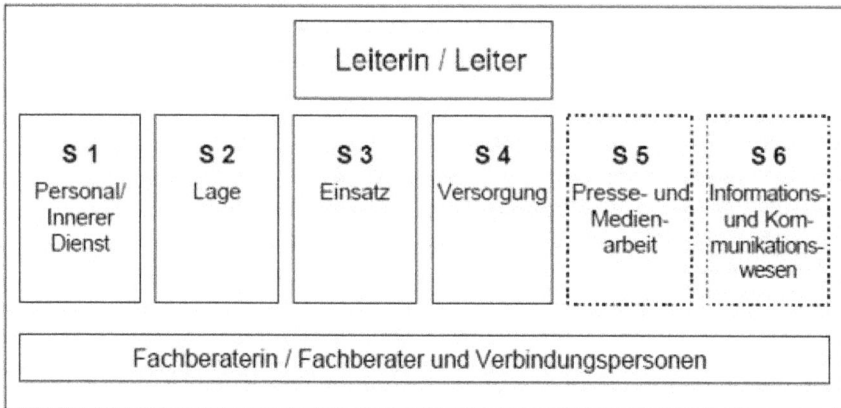

Abbildung 4: Aufbau und Gliederung eines Führungsstabs

Generell sind in beiden Stäben folgende Sachgebiete (S) zu besetzen:

- **S 1 (Personal)** steuert alle operativen Einsatzkräfte.
- **S 2 (Lage)** trägt alle erforderlichen Fakten zur Beurteilung der Lage zusammen. Zum Sachgebiet S 2 gehören auch die Funktionen Einsatztagebuch und Sichtung.
- **S 3 (Einsatz)** koordiniert und überwacht alle Einsatzaufträge. Diesem Sachgebiet ist auch die Funktion Auftragskontrolle zugewiesen.
- **S 4 (Logistik)** steuert die gesamte Logistik und das benötigte Material.
- **S 5 (Presse- und Medienarbeit)** koordiniert die Presse- und Medienarbeit mit allen Beteiligten.
- **S 6 (IT und Kommunikation)** stellt die IT und die gesamte Kommunikationtechnik bereit.

Das Gesundheitsamt kann in Ereignissen (z.B. Austritt einer chemischen Substanz) als Fachberatung und Verbindungsperson in dem Führungsstab bzw. Katastrophenschutzstab vertreten sein.

Die oben genannten Stabsfunktionen werden im Abschnitt "Aufgaben der Stabsfunktionen" detaillierter beschrieben.

Administrativ-organisatorische Komponente

Neben Führungs- bzw. Katastrophenschutzstäben kann es - je nach Regelungen der Länder - als eine eigenständige Einheit oder zusammen mit dem Führungs- bzw. Katastrophenschutzstab einen Verwaltungsstab geben. Wenn beide Stäbe zusammen tätig werden, bilden sie eine Einheit. Während der Führungs- bzw. Katastrophenschutzstab die taktisch-operative Komponente abdeckt, beschäftigt sich der Verwaltungsstab mit dem administrativ-organisatorischen Teil der Katastrophenschutzleitung. Er soll unter zeitkritischen Bedingungen und unter Beachtung aller notwendigen Gesichtspunkte, Entscheidungen treffen, für die aufgrund rechtlicher Vorgaben, finanzieller Zuständigkeiten und politischer Rahmenbedingungen der Führungs- bzw. Katastrophenschutzstab nicht zuständig ist. Hierzu zählen z.B. Entscheidung zur Schließung von öffentlichen Einrichtungen.

Um hierfür eine länderübergreifende, einheitliche Organisationsform zu ermöglichen, gibt es das Dokument "**Hinweise zur Bildung von Stäben der administrativ – organisatorischen Komponente**". Diese Hinweise gelten auch hier sowohl für die Stabsarbeit bei Großschadenereignissen als auch für Katastrophenfälle. Einige Länder setzen diese Komponente bereits für Ereignisse unterhalb der Schwelle eines Großschadensereignisses ein.

Gemäß den Hinweisen sitzen im Verwaltungsstab alle zur Bewältigung der Schadenlage notwendigen beziehungsweise zuständigen Ämter der eigenen Verwaltung, anderer Behörden und Dritte mit relevanten Kenntnissen. Neben ständigen Mitgliedern des Stabes (SMS), zu denen u.a. auch das Gesundheitsamt- bzw. die Gesundheitsbehörde als Fachberater gehört, gibt es ereignisspezifische Mitglieder des Stabes. Dieses können auch Nicht-Regierungs-Akteure (z.B. Stromanbieter bei einem Stromausfall) sein. Abbildung "Struktur eines Verwaltungsstab" gibt einen Überblick über die Zusammensetzung eines Verwaltungstabs:

Leitung des Verwaltungsstabes				
Ereignis-spezifische Mitglieder (interne)	Ständige Mitglieder (interne)	Koordinierungsgruppe Verwaltungsstab	Ständige Mitglieder (externe)	Ereignis-spezifische Mitglieder (extern)
Ämter (insbesondere der Haushalts-stellen)	Sicherheit und Ordnung Führungsstab (Verbindungsperson) Katastrophen-schutz Gesundheit Umwelt Soziales	- Inneres Dienst - Lage und Dokumentation ----- Bevölkerungs-information und Medienarbeit	Polizei	Behörden Gemeinden Fachkundige Dritte

Abbildung 5: Struktur eines Verwaltungsstabes

Die „Leitung des Stabes" ist verantwortlich für die Leitung und die Koordinierung des Verwaltungsstabes, trifft Entscheidungen über die zu treffenden Maßnahmen, legt Ziele fest und entscheidet über die Einberufung weiterer lagespezifischer Mitglieder in den Stab. Sollte die politische Verantwortlichkeit nicht bei der Leitung des Verwaltungsstabes liegen, entscheidet die Leitung des Stabes, welche Maßnahmen innerhalb des Stabes und welche durch die politische Gesamtverantwortung bestimmt werden.

Die **Koordinierungsgruppe Verwaltungsstab (KGS)** setzt sich aus dem Bereichen „**Innerer Dienst**" und „**Lage und Dokumentation**" zusammen. Der „**Innere Dienst**" alarmiert Stabsmitglieder, erstellt und aktualisiert ggf. die Stabsdienstordnung, Alarmierungs-und Erreichbarkeitslisten und stellt die Arbeitsfähigkeit des Stabs sicher, d.h. Versorgung, Nachbestellung von Materialien, Organisation von Räumen und Besprechungen. Der KGS-Bereich „**Lage und Dokumentation**" beschäftigt sich u.a. mit dem Anfordern, Sammeln, Auswerten, der Dokumentation von Lageinformationen und Meldungen sowie mit der Führung des Einsatztagebuchs und der Darstellung der Lage und von Prognosen zur voraussichtlichen Lageentwicklung.

Die Funktion „**Bevölkerungsinformation und Medienarbeit (BuMA)**" koordiniert, betreut und informiert die Presse und andere Medien, z.B. durch die Erstellung von Presseinformationen, Auswertung von Pressemiteilungen oder Einrichten eines Bürgertelefons.

Kommentar mit hypothes.is DOI https://doi.org/10.25815/h0ec-f967

„Ständige Mitglieder des Stabes (SMS)" bewerten das Ereignis aus ihrer fachlichen Sicht, stellen Probleme und Gefährdungen aus ihrer Sicht dar und erarbeiten Möglichkeiten und Vorschläge für zweckdienliche Maßnahmen. Die SMS sind entscheidungsbefugte Vertreter aus notwendigen Ämtern, Behörden oder von Dritten. In der Regel sind die Bereiche Sicherheit und Ordnung, Katastrophenschutz, Gesundheit, Umwelt, Polizei und Soziales vertreten. Je nach Lage können weitere Fachbereiche einbezogen werden, wie Bau- und Wohnungsaufsicht (z.B. bei Bränden), Schulamt etc. Darüber hinaus gibt es eine Verbindungsperson zum Führungsstab.

Genauso wie die SMS bringen **„Ereignisspezifische Mitglieder des Stabes (EMS)"** ihre spezifischen Kenntnisse in die Lagebewertung und Lagebewältigung mit ein. Sie werden je nach Lage ausgesucht und bestehen aus entscheidungsbefugten Vertretern von Ämtern der eigenen Verwaltung, Behörden, Gemeinden oder fachkundigen Dritten. Zu letzteren zählen zum Beispiel Feuerwehr; Hilfsorganisationen, THW, Bundeswehr, Energieversorger und Verkehrsunternehmen. Die EMS-Vertreter können ihre Aufgabe teilweise innerhalb ihres normalen Arbeitsbereiches erledigen und müssen nicht ständig im Verwaltungsstab anwesend sein.

Zusammenarbeit der Stäbe

Einen Überblick über die Zusammenarbeit in Krisenfällen zeigt die nachfolgende Abbildung:

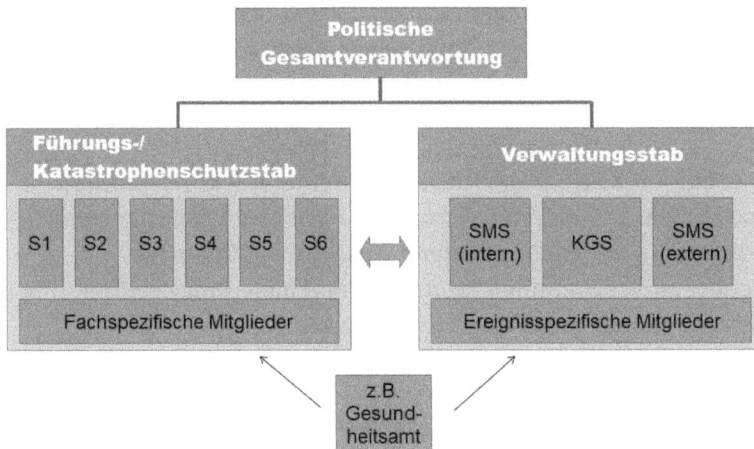

Abbildung 6: Grafik Stäbe

Krisenstab im Gesundheitsamt

Der Arbeitsstab bzw. Krisenstab des Gesundheitsamtes ist im Krisenfall grundsätzlich eine ergänzende und unterstützende amtsinterne Organisationsstruktur für die Amtsleitung, die in der Regel als Fachvertretung des Gesundheitsamtes im Führungs- oder Katastrophenschutzstab tätig sein wird.

Der Stab des Gesundheitsamtes selbst übernimmt in der Regel nicht die Führung, sondern koordiniert und erarbeitet die erforderlichen Maßnahmen auf Weisung der Leitung des Gesundheitsamtes. Bei begrenzten infektiologischen Gefahrenlagen kann und sollte er allerdings auch allein tätig werden. Während er bei größeren Gefahrenlagen unterstützender Bestandteil der Amtsleitung im Führungsstab- oder Katastrophenschutzstab ist.

Gesundheitsämter nehmen sowohl administrativ-organisatorische Aufgaben, wie die Koordination und Entscheidung von Fachaufgaben im originären Zuständigkeitsbereich, als auch operativ-taktische Aufgaben, wie die Bildung von Einsatzschwerpunkten, den Einsatz von Personal und die Steuerung von Logistik wahr.

Die Struktur des Stabes in Gesundheitsbehörden sollte sich abhängig von den personellen Gegebenheiten an der FwDV 100 orientieren. Wenn es die Gefahrenlage und die Aufgaben in dem Stab erfordern, wird er durch weiteres internes Personal unterstützt oder bei Bedarf durch weiteres Personal aus anderen Ämtern/Abteilungen ergänzt. Wenn es für die Aufgabenerfüllung sachgerecht ist, werden ggf. Stabsfunkionen zusammengelegt.

Für die Arbeit im Krisenstab müssen bestimmte infrastrukturelle Voraussetzungen geschaffen werden. Der Krisenstab benötigt einen geeigneten Raum mit entsprechender Ausstattung, inklusive Informations- und Kommunikationstechnik. Einige Dinge sollten grundsätzlich immer bereitstehen, andere können anlassbezogen geschaffen werden.

Die Checkliste „Ausstattung eines Krisenstabes" macht Vorschläge, die bei der Einrichtung eines Stabes genutzt werden können.

Krisenmanagement auf der Ebene oberster Landesbehörden

Die Ministerien und die ihnen nachgeordneten allgemeinen und besonderen Landesbehörden sind jeweils im Rahmen ihrer Aufgaben für die Vorbeugung und Abwehr von Gefahren zuständig. Im Sinne der gesamtstaatlichen Vorsorge gegen infektiologische Gefahrenlagen kann bei drohenden Gefahren, bei eingetretenen Schadenslagen sowie bei Katastrophen der Stab dieser Gesundheitsbehörden aufgerufen werden.

Teilweise werden diese Stäbe im Rahmen des Ressortprinzips federführend tätig, teilweise werden gemeinsame Stäbe von Gesundheits- und Innenressorts gebildet. Die Gesundheitsministerien können in der Regel bei gesundheitsbezogenen Lagen die Aufrufung des Stabes der Landesregierung vorschlagen. In diesem Stab arbeiten dann die betroffenen Ministerien gemäß ihrer Aufgabenzuständigkeit mit und erledigen die Aufgaben im Rahmen der Ressortzuständigkeit.

Arbeitsweise im Stab

Die Arbeitsweise im Stab ist ein zielgerichteter, immer wiederkehrender, in sich geschlossener Denk- und Handlungsablauf. Durch das wiederholte Durchlaufen wird die notwendige Lagebeurteilung und Beschlussfassung sichergestellt.

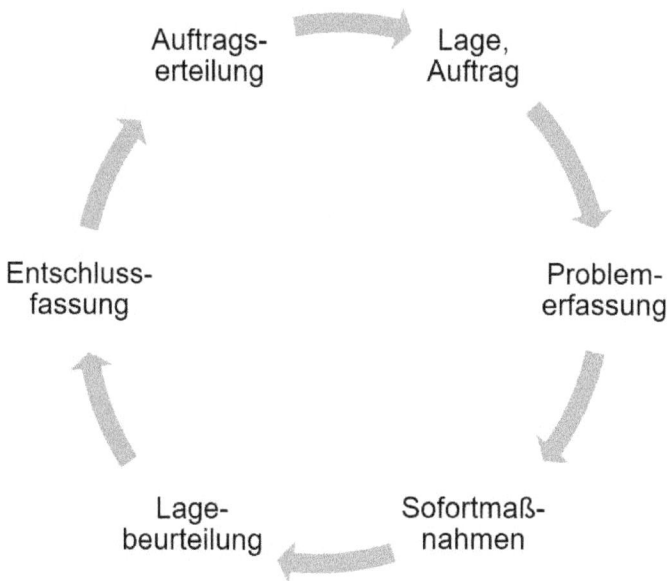

Abbildung 7: Arbeitsweise im Krisenstab

Aufgaben der Stabsfunktionen

Die Aufgaben der Stabsfunktionen gemäß der FwDV 100 werden beispielhaft in der nachfolgenden Tabelle dargestellt:

Stabsfunktion	Aufgaben
S 1 (Personal)	• Alarmierung des im Dienst befindlichen Personals • Alarmierung des Personal aus der Freizeit • Überwachung der Alarmierung • Führen von Personalübersichten, Überwachung der Arbeitszeiten • Bereitstellen von Personalreserven (bei längeren Einsätzen)

	• Alarmieren und Anfordern von Ämtern und Behörden, Organisationen
S 2 (Lage)	**Information sicherstellen** • Unterrichten vorgesetzter Stellen • regelmäßige betriebsinterne Information der Mitarbeiter • Unterrichten anderer Stellen**Einsatzdokumentation** • Führen des Einsatztagebuches • Sammeln, Sichern und Registrieren des Informationsmaterials • Erstellen eines Abschlussberichtes
S 3 (Einsatz)	• Beurteilen der Lage • Einsatzdurchführung, z.B. Festlegen von Einsatzschwerpunkten, • Festlegen der erforderlichen Einsatzkräfte, Einsatzmittel und Reserven • Sicherstellung der Führung im Rahmen des Einsatzplanes (Führungsorganisation) • Durchführen von Lagebesprechungen • Erteilen und Überwachen von Aufträgen • Zusammenarbeit mit anderen Ämtern, Behörden und Organisationen
S 4 (Logistik)	• Anfordern weiterer Einsatzmittel • Heranziehen von Hilfsmitteln • Bereitstellen von Verbrauchsgütern und Einsatzmitteln

- Bereitstellen und Zuführen der Verpflegung
- Festlegen der Versorgungsorganisation
- Bereitstellen von Schutzausstattung zum Eigenschutz der Mitarbeiter

S 5 (Presse- und Medienarbeit)	**Presse- und Medieninformation** - Sammeln, Auswählen und Aufbereiten von Informationen aus dem Einsatz - Erfassen, Dokumentieren und Auswerten der Presse- und Medienlage - Erstellen von Presse- und Medieninformationen **Presse- und Medienbetreuung** - Informieren, Führen und Unterbringen der Presse- und Medienvertreter/innen - Vorbereiten und Durchführen von Pressekonferenzen - Veranlassen und Betreuen von Bürgertelefonen - Veranlassen von Warn- und Suchhinweisen
S 6 (IT und Kommunikation)	**Planen des IT- und Kommunikationseinsatzes, Erarbeiten eines Kommunikationskonzeptes, Sicherstellung des Einsatzes** - Sicherstellung des IT-Einsatzes, Sicherstellung der Kommunikationsorganisation - Gewährleisten der Kommunikationssicherheit (Redundanz)

- Überwachen des
  Kommunikationsbetriebes

Ausstattung der Einsatzleitung mit Bürokommunikation

Kommunikation

Eine gute Kommunikation ist ein wesentlicher Bestandteil zur erfolgreichen Bewältigung einer Krise. Man unterscheidet (1) die "interne" Kommunikation innerhalb des Verwaltungs- bzw. Krisenstabes, diese ist durch die jeweilige Stabsdienstordnung geregelt, und (2) die "externe" Kommunikation nach außen. Die interne Kommunikation ist im Kapitel "Einsatzplanung" dargestellt. In diesem Kapitel wird die "externe" Kommunikation mit der Bevölkerung dargestellt.

Hierbei wird zwischen Risiko- und Krisenkommunikation unterschieden. Mit Risikokommunikation wird die Kommunikation im Vorfeld einer Krise bezeichnet. Krisenkommunikation wird notwendig, wenn die Krise eingetreten ist. Eine gute Risikokommunikation erleichtert die Kommunikation in der Krise erheblich, da sie es ermöglicht, auf dieses Wissen im Krisenfall aufzubauen.

Der **Leitfaden Krisenkommunikation** des Bundesministeriums des Innern, für Bau und Heimat (BMI) stellt in übersichtlicher Weise die folgenden Themen für eine erfolgreiche Kommunikation dar:

- Risikokommunikation
- Krisenkommunikation
- Zielgruppengerechte Krisenkommunikation
- Krisenkommunikationsplan
- Planungshilfen

Durch eine gute Kommunikation können Bevölkerung, Medienvertreter und Behörden zu einem erfolgreichen Team bei der Bewältigung einer Krise werden.

Risikokommunikation

Ziel der Risikokommunikation ist es, das gegenseitige Vertrauen aller Beteiligten zu stärken. Dies gelingt am besten durch den Aufbau einer langfristigen Beziehung. Diese stellt die Grundlage für Glaubwürdigkeit dar, die im Krisenfall unverzichtbar ist. Risikokommunikation setzt daher Transparenz, Verlässlichkeit und größtmögliche Ehrlichkeit voraus. Entsprechend stellt Risikokommunikation einen kontinuierlichen Prozess dar. Behörden sollten sie ansehen und nutzen als

> *„Austausch von Informationen und Meinungen über Risiken zur Risikovermeidung, Risikominimierung und Risikoakzeptanz"* (Bundesamt für Bevölkerungsschutz und Katastrophenhilfe 2011),

bei der alle Beteiligten einbezogen werden sollten.

Dies ist insbesondere von Bedeutung, wenn die Bevölkerung motiviert werden soll, selber Vorsorge zu betreiben. Ein Beispiel für die Krisenvorsorge ist die Broschüre des BBK **Ratgeber für Notfallvorsorge und richtiges Handeln in Notsituationen**, in der wichtige Informationen und Checklisten zusammengestellt sind

> *"zu allen wichtigen Themen – vom Lebensmittelvorrat bis zum Notgepäck – um persönlich für den Notfall gerüstet zu sein"* (Bundesamt für Bevölkerungsschutz und Katastrophenhilfe 2018).

Nur durch präventive Kommunikation ist es möglich, dass im Krisenfall auf die getroffe Vorsorge zurückgegriffen und das Wissen unverzüglich abgerufen werden kann.

Ein Beispiel für die Notwendigkeit einer Risikokommunikation ist die in diesem Handbuch dargestellte Ressourcenknappheit, hier am Beispiel der Verteilung von Medikamenten herausgegriffen. Solange keine gesundheitlichen Gefahren drohen, wird jede Person dafür Verständnis aufbringen, dass medizinisches Personal, das sich um die ersten Patienten kümmern muss, bevorzugt geschützt werden muss. Ebenso Kräfte, die für die Aufrechterhaltung der kritischen Infrastrukturen oder für die öffentliche Sicherheit verantwortlich sind. Für die Arbeit innerhalb des eigenen Amtes kann dies bedeuten, dass im Vorfeld einer Krise geklärt wird, welche Aufgaben, die im Regelbetrieb eine hohe Wichtigkeit haben, in der Krise zurückstehen müssen.

Herausforderung der Risikokommunikation ist, dass eine Vielzahl von Faktoren darüber entscheidet, wie ein Risiko wahrgenommen wird. Dies kann dazu führen, dass hohe Risiken unter- und geringe Risiken überschätzt werden, wodurch im Rückschluss die Maßnahmen der Gesundheitsbehörden als überzogen oder als unzureichend empfunden werden. Ein typisches Beispiel hierfür ist, eine Impfung aus Angst vor den sehr seltenen Nebenwirkungen abzulehnen und dafür das wesentlich höhere Risiko eines schwerwiegenden Erkrankungsverlaufs bei einer Infektion in Kauf zu nehmen. Treten gefährliche Erkrankungen aufgrund hoher Impfraten nur noch selten auf, ist eine besondere Herausforderung, persönliche und gesellschaftliche Nutzen-Risiko-Erwägungen voneinander getrennt darzustellen.

Die Art der Kommunikation trägt entscheidend dazu bei, wie ein bestimmtes Risiko wahrgenommen wird. So deuten verschieden Studien darauf hin, dass bezüglich der Eintrittswahrscheinlichkeit, relative Zahlen - im Vergleich zu absoluten Zahlen- häufig zu einer zu hohen Risikobewertung führen (Wegwarth, Odette; Gigerenzer, Gerd 2011). Auch kann die Art der Darstellung dazu führen, dass das Schadensausmaß falsch eingeschätzt wird. Dies spielt insbesondere bei biologischen Gefahrenlagen, bei denen das Schadensausmaß von so vielen Faktoren abhängt, dass eine Abschätzung nahezu unmöglich ist, eine große Rolle. Auch diese Unsicherheit muss kommuniziert werden. So hat z.B. die strategische Planung für den Fall, wie mit 30% Personalausfall umzugehen ist, dazu geführt, dass sich die Auffassung festgesetzt hat, dass bei jeder Pandemie ca. 30% erkranken.

Auch der Zeitpunkt der Risikokommunikation kann einen Einfluss darauf haben, wie sie wahrgenommen wird. Die Veröffentlichung von diesen Notfall-Informationen muss daher so in eine Risikobewertung eingebettet werden, dass für den Adressaten deutlich wird, ob dies eine allgemeine Information ohne aktuellen Anlass ist oder auf ein in Kürze zu erwartendes Ereignis vorbereiten soll. Neben dem langfristigen Aufbau von Vertrauen, kann die Risikokommunikation auch kurzfristig bei vermuteten, vorhersehbaren Gefahren (z.B. extremen Wetterlagen) dazu genutzt werden,

> 66 *"die Bevölkerung für bevorstehende Ereignisse zu sensibilisieren und Maßnahmen z.B. zur Warnung der Bevölkerung und zum Schutz der Bevölkerung vorzubereiten",*

wie das BBK in seinem Glossar "**Ausgewählte zentrale Begriffe des Bevölkerungsschutzes**" schreibt.

Krisenkommunikation

Im Gegensatz zur Risikokommunikation, die vor allem der Vorbereitung auf die Krise dient, bedeutet Krisenkommunikation den

> *"Austausch von Informationen und Meinungen während einer Krise zur Verhinderung oder Begrenzung von Schäden an einem Schutzgut"* (Bundesamt für Bevölkerungsschutz und Katastrophenhilfe 2011).

Krisenkommunikation muss sicherstellen, dass alle Verantwortlichen den gleichen Informations- und Wissensstand haben. Ebenso müssen Medien und Bevölkerung möglichst wahrheitsgemäß, transparent und aktuell informiert werden.

Ziel der Krisenkommunikation ist es, rechtzeitig, ausreichend und konkret zu informieren, damit die erforderlichen Maßnahmen zum Schutz der Bevölkerung getroffen werden können. Um Verunsicherung zu vermeiden, ist eine abgestimmte Sprachregelung, an die sich alle Beteiligten zu halten haben, erforderlich. Aus diesem Grund ist es notwendig, auch eine Krisenkommunikation im Vorfeld zu planen.

Wird der richtige Zeitpunkt versäumt oder werden unterschiedliche Informationen verbreitet, drohen überbordende Fehlinformationen und unzutreffende Gerüchte, die schlimmstenfalls zu Hysterie oder Panik führen. Bereits von den ersten Reaktionen kann es abhängen, ob der Krisenverlauf für die Organisation außer Kontrolle gerät.

MERKE: Um die Kontrolle über die Kommunikation zu behalten, gelten daher folgende Grundsätze:

1. **Agieren statt reagieren**
2. **Nur gesicherte Informationen herausgeben, ggf. Unsicherheiten erläutern**
3. **Kontakt halten und ansprechbar sein**

Presse- und Medienarbeit

Im Krisenfall muss die Kommunikation nach außen eindeutig geregelt werden. Presse und Medien benötigen feste Ansprechpartner. Informationen an die Öffentlichkeit dürfen nur durch dafür Autorisierte gegeben werden, die für diese Aufgabe besonders ausgebildet sind. Anfragende müssen an Autorisierte verwiesen werden. Fach-Expertise bedeutet nicht automatisch, dass diese auch verständlich vermittelt werden kann. Üblicherweise wird in Verwaltungen die Pressearbeit zentral über eine Pressestelle geregelt. Diese ist auf jeden Fall einzuschalten.

Da die Bevölkerung erwartet, dass die Behörden zeitnah Hilfe leisten, Sicherheit geben und effizient funktionieren, ist der Umgang mit Unsicherheiten, wie er häufig zu Beginn einer Krise besteht, eine besondere Herausforderung. Um Vertrauen zu erhalten, muss die Unsicherheit kommuniziert werden, gleichzeitig müssen auch die Maßnahmen benannt werden, die ergriffen werden, um die Unsicherheiten zu klären und den Zeitpunkt, wann mit weiteren Informationen zu rechnen ist.

Zur Vorbereitung auf eine Pressekonferenz ist es wichtig, sich nicht nur auf die Informationen vorzubereiten, die vermittelt werden sollen, sondern sich auch zu überlegen, welche Informationen die Pressevertreter haben möchten. Wenn die Vertreter der Medien die Antworten auf ihre Fragen nicht von den autorisierten Personen erhalten, werden sie sich andere "Experten" suchen, die Antworten geben. Bei sehr komplexen und fachlichen Themen kann es daher empfehlenswert sein, ein Team von Ansprechpartnern zur Pressekonferenz dazuzubitten. Dies können je nach Szenario z.B. der behandelnde Arzt, beteiligte Rettungskräfte oder Vertreter anderer Behörden sein.

Hilfreich ist es, den Pressevertretern auch organisatorisch gute Rahmenbedingungen für ihre professionelle Arbeit zu liefern, z.B. einen ausreichend dimensionierten Presseraum mit guter Akkustik, möglichst mit Tischen, Stühlen, Steckdosen und WLAN ausgestattet, so dass die Informationen gleich weiterverarbeitet werden können. Bei längeren Lagen kann es sinnvoll sein, für Verpflegung, zumindest Getränke oder auch einfache Speisen, zu sorgen. Die Betreuung sollte möglichst durch eine durchgängig anwesende, geschulte Person erfolgen oder zumindest sollte deren ständige Erreichbarkeit sichergestellt sein.

Direkte Kommunikation: Internet, Bürgertelefon, soziale Medien & Apps

Neben Pressekonferenzen, die ausschliesslich einen persönlichen Kontakt zwischen Behörde und Medienvertretern ermöglichen, bietet das Internet zahlreiche Möglichkeiten, direkt mit der Bevölkerung zu kommunizieren. Auch hierzu ist eine Vorbereitung im Vorfeld notwendig, um im Krisenfall auf die notwendige Infrastruktur und Expertise zurückgreifen zu können. Eine Kenntnis der Zielgruppe, die erreicht werden soll, ist bei direkter Kommunikation besondes notwenig, um die richtigen Kommunikationskanäle und die passende Sprache zu wählen.

Für das Internet können im Vorfeld Darksites vorbereitet werden, die im Krisenfall mit aktuellen Informationen bestückt werden und eine schnelle Freischaltung ermöglichen.

Eine weitere Kommunikationsform, die von der Bevölkerung sehr geschätzt wird, jedoch sehr personalintensiv ist, sind Bürgertelefone oder sogenannte "Hotlines". Im Umkehrschluss kann aus den häufigsten Fragen auch abgelesen werden, zu welchen Themen ein besonderer Informationsbedarf besteht oder sich gar falsche Informationen verbreiten.

Speziell für die schnelle Warnung vor Gefahrenlagen wurde die Notfall-Informations- und Nachrichten-App des Bundes, kurz **Warn-App NINA**, entwickelt. Wichtige Warnmeldungen für unterschiedliche Gefahrenlagen wie zum Beispiel zu einer Gefahrstoffausbreitung oder einem Großbrand werden direkt auf die Mobiltelefone der Bevölkerung gesendet. Auch hierbei ist die Risikokommunikation im Vorfeld notwendig, um die App bekannt zu machen.

Fachkommunikation

Bei einigen Krisenlagen kann es notwendig oder auch hilfreich sein, eine gezielte Fachkommunikation mit besonderen Zielgruppen zu führen. Für den ÖGD sind die in ihrem Zuständigkeitsbereich tätigen Ärztinnen und Ärzte hierbei besonders herauszuheben. Einerseits kann auch bei ihnen Unsicherheit vorliegen, der dringend entgegengewirkt werden muss, andererseits sind sie wichtige Multiplikatoren, die ein hohes Vertrauen in der Bevölkerung besitzen.

Aufgrund ihrer Ausbildung kann bei medizinisches Fachpersonal fachliches Wissen vorausgesetzt werden, dass für die Kommunikation mit der Bevölkerung entsprechend die eigenen fachspezifische Sprache anwenden und nutzen kann.

Verantwortlichkeit und Dokumentation

In der Regel gibt es in den Verwaltungen Presseabteilungen mit Pressesprechern, die für die Öffentlichkeitsarbeit zuständig sind. Der Umgang mit Presseanfragen, Anfragen von anderen Behörden, Anfragen von Institutionen und Anfragen aus der Bevölkerung sollte klar geregelt sein. In Krisensituationen werden häufig zentrale Auskunftsstellen eingerichtet, die einen Teil der Öffentlichkeitsarbeit übernehmen. Abzuraten ist von ungeregeltem Auskunftsverhalten von Experten. Die für Auskünfte autorisierten Personen sollten verpflichtet werden, die Anfragen nachvollziehbar und strukturiert zu dokumentieren. Die Hauptverantwortlichen für die Öffentlichkeitsarbeit müssen jederzeit den Stand der bereits herausgegebenen Informationen nachvollziehen können.

Wichtig bei der Kommunikation, insbesondere in Krisensituationen, ist immer auch die Dokumentation, die eine Nachvollziehbarkeit sicherstellen muss. Durch klar festgelegte interne Zuständigkeits- und Entscheidungsstrukturen kann über die Kommunikationswege die zeitnahe und sachgerechte Umsetzung vorangebracht werden. Die Rückmeldung der ausführenden Stellen muss hierbei ebenso bedacht werden, wie die Information der nicht beteiligten Verwaltungsbereiche und der Bevölkerung.

Szenarien: CBRN

Einleitung

Das Kürzel CBRN leitet sich ab von von chemisch, biologisch, radiologisch und nuklear (engl. *chemical, biological, radiological and nuclear*), diese umfassen nicht waffenfähige und waffenfähige chemische, biologische, radiologische und nukleare Materialien, die erheblichen Schaden verursachen können. Nicht waffenfähige Materialien werden traditionell als Gefahrgut bezeichnet und können auch kontaminierte Lebensmittel, Vieh und Pflanzen umfassen.

Es existieren viele Bedrohungen, dabei geht es nicht nur um die absichtliche Freisetzung von Erregern, die eine Bedrohung darstellen, sondern es gibt auch Umweltfaktoren, die eine wichtige Rolle spielen. In allen CBRN-Lagen können die Gesundheitsämter auf unterschiedliche Art und Weise gefordert sein. Während bei den biologischen Lagen die Mitarbeiterinnen und Mitarbeiter des ÖGD in der Regel die federführende Verantwortung in der primären und sekundären Phase eines Einsatzes haben, tragen, sie bei den C- und RN-Lagen eher eine fachliche Verantwortung in der sekundären Phase, in der es dann insbesondere um die Nachsorge nach einem Ereignis geht.

B-Lagen (syn. biologische Gefahrenlagen, B-Szenarien, infektiologische Gefahrenlagen)

Im Folgenden werden die von infektiösen Erkankungen ausgehenden Gefahrenlagen dargestellt.

C-RN-Lagen

Die C-RN-Lagen werden zu einem späteren Zeitpunkt in das Lehrbuch integriert und sind nicht Bestandteil der Vorabversion .

Szenarien: B-Lage

Unterschiedliche B-Lagen

Hier werden zunächst die biologischen Gefahrenlagen betrachtet, die auch als sogenannte B-Lagen oder infektiologische Gefahrenlagen bezeichnet werden, und die an sich bereits sehr vielfältig sind.

Folgende sechs Teilszenarien sind zu unterscheiden:

1. Einzelfall einer Erkrankung mit hochpathogenen Erregern
2. lokale Epidemie
3. überregionale Epidemie
4. Pandemie
5. Fund einer auffäligen Substanz/Anschlag auf Einzelpersonen
6. Bioterroristischer Anschlag

Risikobewertung

Unter biologischen Gefahren versteht man im allgemeinen die Verbreitung von Infektionserregern oder entsprechenden Toxinen. Für die Gefährdungsbewertung in einer akuten Lage ist es hilfreich, das biologische Agens zu kennen. Es ist die Unterscheidung zu treffen, ob es sich um die Ausbruchssituation in beispielsweise einer Klinik handelt, wo das Agens/die Infektionsgefahr meist bekannt ist; oder ob es sich um das gehäufte Auftreten von Erkrankungen des gleichen Formenkreises und unklarem Erreger handelt (beides am ehesten entsprechend Szenario 2, in der Abbildung "Überblick verschiedene Szenarien"). Dieses wäre einerseits zum Beispiel in einer Pflegeeinrichtung bei dem gehäuften Auftreten von gastroenteritischen Symptomen denkbar. Möglich ist in diesem Zusammenhang aber andererseits auch die Gefährdung durch "Bioterrorismus" bei (noch) unbekanntem Status an Betroffenen (am ehesten Szenario 5; in der Abbildung "Überblick verschiedene Szenarien"). Hier kommt es auch darauf an labortechnisch entsprechende Testungen zur Verfügung zu haben. Existierende Schnelltests sind insbesondere bei Umweltproben nur bedingt zuverlässig und können sowohl zu falsch positiven als auch zu falsch negativen Ergebnissen führen. Eine Analytik in einem erfahrenen Labor ist daher in jedem Fall für eine Risikobewertung notwendig.

Merke: Auch wenn die überwiegende Anzahl der Ausbruchsgeschehen eine natürliche Ursache hat, ist bei der Risikobewertung die Möglichkeit einer absichtlichen Ausbringung zu bedenken.

Darüberhinaus sind folgende Kritien einzubeziehen:

- Infektionswege
- Behandlungsoptionen
- Verfügbare Schutzmaßnahmen
- Ausbreitungswahrscheinlichkeit

Für eine Risikoanalyse im Vorfeld einer Lage, bietet sich beispielsweise eine **Matrix aus Schadensausmaß und Eintrittswahrscheinlichkeit** an.

Eine Risikomatrix kann helfen, das zu erwartende Schadensausmaß einzuschätzen, wie der Szenarienüberblick in der Abbildung "Überblick verschiedene Szenarien" zeigt (Quelle: **Generischer Plan für biologische Gefahrenlagen** - Anhand von 5 Szenarien; Version 2.0 | Senatsverwaltung für Gesundheit und Soziales - Abbildung modifiziert in Szenario 5 und 6).

		Szenario 1	Szenario 2	Szenario 3	Szenario 4	Szenario 5	Szenario 6
	Beschreibung	Einzelfall hochkontagiöse Erkrankung	lokale Epidemie	überregionale Epidemie	Pandemie	auffällige Substanz / Anschlag auf Einzelperson	Bioterroristischer Anschlag
	Beispiele	• VHF • Lungenpest	• Salmonellen • Masern	• EHEC	• Influenza • SARS • Pocken	• Anthrax • Rizin • Chemischer Stoff	• Rizin
Falldefinition	Anzahl Betroffener	gering	gering bis mittel	hoch	hoch	gering	mittel
	Morbidität/ Letalität	hoch	gering bis hoch	gering bis hoch	gering bis hoch	gering bis hoch	gering bis hoch
	örtliche Ausbreitung	gering	gering	mittel	hoch	gering	mittel
	Ausbreitungs- wahrscheinlichkeit	gering	gering	gering bis mittel	hoch	gering	gering bis hoch
	Ausbreitungs- dynamik	keine	gering bis hoch	gering bis hoch	gering bis hoch	gering	gering bis hoch

Abbildung 8: Überblick verschiedene Szenarien

Für eine Risikobewertung ist es darüber hinaus notwendig, das Ziel zu definieren, das in der jeweiligen Situation erreichbar ist. So kann zu

Beginn einer Epidemie das Ziel darin liegen, den Ausbruch zu verhindern oder zumindest hinauszuzögern, während bei einer flächendeckenden Epidemie die Aufrechterhaltung des sozialen Lebens im Vordergrund steht.

Maßnahmen

Der Übergang zwischen den drei im Folgenden dargestellten Phasen ist fließend, so dass im Rahmen der Risikobewertung eine schrittweise Anpassung der eingesetzten Maßnahmen notwendig ist. Siehe dazu die im Epidemologischen Bulletin 7/2020 des RKI veröffentlichten Informationen zu **Zielen von Infektionsschutzmaßnahmen".**

Eindämmungsstrategie (Containment)

In dieser Phase wird versucht, jeden einzelnen Erkrankten so früh wie möglich zu entdecken und umgehend zu isolieren. Alle Kontaktpersonen werden nachverfolgt und unter Beobachtung oder ggf. unter Quarantäne (insbesondere bei Erkrankungen, bei denen schon vor Symptombeginn andere Personen angesteckt werden können) gesetzt, um die Infektionskette schnellstmöglich zu unterbrechen.

Bei dieser Strategie ist das Ziel, den Erreger auszurotten. Wenn dies nicht möglich ist, soll versucht werden, Zeit für eine bestmögliche Vorbereitung zu gewinnen, z.B. zur Entwicklung von Therapie-Optionen und/oder Impfstoffen, zur Durchführung von Studien zu Eigenschaften des Erregers, zur Erhöhung von Behandlungskapazitäten in Kliniken und zur zeitlichen Trennung von anderen Infektionsgeschehen (z.B. jährliche „Grippewelle").

Schutz-Strategie vulnerabler Gruppen (Protection)

Sobald es nicht mehr möglich ist, eine Ausbreitung des Erregers zu verhindern, konzentriert sich der Schutz verstärkt auf Personen/Personengruppen, für die ein erhöhtes Risiko für schwere Krankheitsverläufe besteht.

Folgenminderungs-Strategie (Mitigation)

Sollte die Ausbreitung der Erkrankung so groß geworden sein, dass die Schutz-Strategie besonders vulnerabler Gruppen nicht mehr möglich ist, zielen die Maßnahmen stärker auf die Minderung weiterer negativer Auswirkungen auf die Bevölkerung und darauf, die Folgen für das soziale Leben möglichst gering zu halten.

Lagenspezifische Kommunikation

Insbesondere zu Beginn einer biologischen Lage muss davon ausgegangen werden, dass nicht bekannt ist, welche Eigenschaften der Erreger hat oder sogar, um welchen Erreger es sich handelt. Auch diese Unsicherheit muss kommuniziert werden - welche Tatsachen bekannt sind, welche vermutet werden und zu welchen weitere Untersuchungen laufen.

Ein besonderes Augenmerk bei der Kommunikation von Infektionskrankheiten besteht darin, dass der Nachbar / Mitmensch plötzlich als Bedrohung wahrgenommen wird. Daher kommt der Information über Ansteckungswege und Schutzmaßnahmen eine hohe Bedeutung zu. Bei einem abzusehenden Mangel von Schutzmitteln ist zudem damit zu rechnen, dass eine Priorisierung vorgenommen werden muss. Diese muss sehr sorgfältig abgewogen und klar kommuniziert werden - möglichst auch schon im Vorfeld einer Krise. In "Ruhezeiten" ist es für fast alle nachvollziehbar, dass in einer medizinischen Krise das medizinische Personal, das sich um die Erkrankten kümmern soll, bevorzugt eine Prophylaxe bekommen muss.

Zur Risiko- und Krisenkommunikation wird verwiesen auf das **Kapitel "Kommunikation"**.

Alarmierung, Meldewege

Nach dem Infektionsschutzgesetz (IfSG) besteht u.a. eine unverzügliche Meldepflicht für Ärzte/innen, Leitungen von Einrichtungen und Laboren an das zuständige Gesundheitsamt. Die Gesundheitsämter haben eine unverzügliche Übermittlungspflicht an die oberste Landesgesundheitsbehörde, diese wiederum übermittelt an das RKI. Voraussetzung dafür ist eine 24/7 Erreichbarkeit. Nach § 25 i.Vm. § 16

IfSG stellt das Gesundheitsamt unverzüglich Ermittlungen zur Herkunft des Erregers und zu Kontaktpersonen an. Es legt auch Maßnahmen zur Verhinderung der Ausbreitung fest (Tätigkeits-/ Besuchsverbote, Beobachtung, häusliche Isolierung, Absonderung in einem entsprechenden Krankenhaus - z. B. Sonderisolierstation gemäß § 30 (6) IfSG....).

Mit der behandelnden Einrichtung, der Pressestelle und der obersten Landesbehörde ist gemeinsam festzulegen, wie und wann die Öffentlichkeit zu informieren ist. Dafür ist eine zeitnahe Pressekonferenz einzuberufen. Vorher sind Verantwortlichkeiten festzulegen: Wer leitet die Pressekonferenz, wer sagt was zu welchem Thema?

Weitere Hinweise zur Alarmierung und zum Meldeverfahren ergeben sich aus dem Kapitel Einsatzplanung in den Unterpunkten Alarmierung und Meldewege.

Führungsorganisation

Die Führungsorganisation im Krisenfall wird ausführlich beschrieben im **Kapitel "Einsatzplanung"**.

Akteure und Aufgaben

Bei Biologischen Lagen ist in erster Linie das Gesundheitsamt zuständig. Es muss eine Vielzahl an Aufgaben bei biologischen Gefahrenlagen übernehmen.

Folgende Aufgaben können beispielhaft benannt werden:

- Risikobewertung
- Risiko- und Krisenkommunikation
- Interne Kommunikation
- Aufklärung der Bevölkerung
- Fachliche Vorbereitung der Pressearbeit, ggf. Hotline einrichten
- Ermittlung von Kontaktpersonen, Festlegen von antiepidemischen Maßnahmen nach IfSG, Kategorisierung von Kontaktpersonen
- infektionsepidemiologische Routineerfassung
- Arbeitsschutz, Sicherstellung der Versorgung mit persönlicher Schutzausrüstung

- Anordnung von diagnostischen Maßnahmen und Entscheidung über das Untersuchungsspektrum
- Schutzmaßnahmen zur Kontaktreduzierung
- Hinweise zu Verhaltensmaßnahmen
- Organisation und Überwachung des Patienten
- Regelung der Probenahme und des Probentransports
- Wahrnehmung der Informations- und Beratungsaufgaben für andere Behörden, Einrichtungen und für die Bevölkerung

- Festlegen und Überwachen von Absonderungen
- Entscheidung über Art und Umfang der Desinfektionsmaßnahmen und deren Überwachung sowie fachlicher Beratung
- ggf. Entscheidung über Dekontaminationsmaßnahmen

- Amtsärztliche Veranlassung der Absonderung
- Anordnung der Leichenschau, Beurkundung eines Sterbefalles, Überwachung des Leichentransports und der Kremierung

- Entsorgungmanagement
- ggf. Koordination von Impfungen
- ggf. Organisationen der Postexpositionsprophylaxe
- Dokumentation und Evaluierung

Neben den Gesundheitsämtern wirken die Landesbehörden und Gesundsheitsministerien im Ereignisfall mit. Die konkreten Aufgaben in einem Einsatzfall sind länderspezifisch unterschiedlich geregelt.

Das RKI hat als wissenschaftlich-medizinische Einrichtung der Bundesregierung die Gesundheit der Bevölkerung (Öffentliche Gesundheit) im Blick. Es ist für die Bekämpfung von Infektionskrankheiten verantwortlich. Eine besondere Rolle im RKI spielt die Weiterentwicklung von Methoden und die Gestaltung wissenschaftlicher Standards, etwa die Aufgabe als Referenz-Untersuchungsstelle beim Verdacht auf die absichtliche Freisetzung von Krankheitserregern. Das RKI berät aufgrund der gesetzlichen Vorgaben primär die Fachöffentlichkeit und die Politik. Dennoch gehört es zum Selbstverständnis, über relevante Infektionsrisiken und Gesundheitstrends auch Bürger und Patienten zu informieren oder auf Informationsmöglichkeiten hinzuweisen. Möglichst viele Interessierte sollen sich ein eigenes Urteil bilden können, um in einer bedrohlichen oder als bedrohlich empfundenen Situation angemessen zu reagieren

und ihre eigene gesundheitliche Situation zu verbessern. Dazu hat das
RKI 2016 weitere Informationen veröffentlicht in der Broschüre
Gesundheit schützen, Risiken erforschen.

Der **Ständige Arbeitskreis der Kompetenz- und Behandlungszentren
(STAKOB)** ist bei infektiologischen Lagen ein weiterer wichtiger Akteur.
Die STAKOB ist ein bundesweites Expertennetzwerk für das Management
und die Versorgung von Patienten mit Krankheiten durch hochpathogene
Erreger. Die Kompetenzzentren verfügen über die spezielle Expertise im
Bereich des öffentlichen Gesundheitsdienstes, während die
Behandlungszentren auf die klinische Versorgung in
Sonderisolierstationen zur Behandlung von Patienten mit
hochpathogenen, lebensbedrohlichen Erkrankungen spezialisiert sind.
Auch zur telefonischen Beratung kann der STAKOB kontaktiert werden.

Weitere Akteure sind die medizischen Versorgungseinrichtungen. Hierzu
gehören Arztpraxen (ambulante Versorgung) und Krankenhäuser
(statioäre Versorgung). Labore und Apotheken wirken ebenfalls mit.

Letztendlich haben insbesondere in einer Epidemie - und in einer
Pandemie - alle Arbeitgeber, zusammen mit den verantwortlichen
Betriebsärzten, diese Aufgaben im Arbeitsschutz.

Insbesondere bei dem Verdacht auf einen Bioterroristischen Anschlag
sind weitere Akteure beteiligt:

- die Polizei, um abzuklären, ob es sich um einen begründeten
  Verdacht handelt. Sie wird entsprechend eine
  Ernsthaftigkeitsprüfung durchführen. Sollte diese positiv ausfallen,
  sind weitere Maßnahmen notwendig, wie z.B. der Ausschluss von
  Sprengstoffen. Auf die Polizei kommt im weiteren Verlauf die
  Absperrung des Tatortes sowie die Ermittlung der Täter zu.
- die Feuerwehr im Rahmen der Gefahrenabwehr, um eine weitere
  Ausbreitung der biologischen Agenzien zu verhindern. Die
  Feuerwehr übernimmt auch häufig in Amtshilfe für den Amtsarzt
  die Probenahme.
- die **Analytische Task Force (ATF)** ist vom Bundesamt für
  Bevölkerungsschutz und Katastrophenhilfe mit spezieller
  Messtechnik ausgestattet worden. Eine ATF ist an 10 Standorten in
  Deutschland vertreten und kann daher innerhalb von maximal 3
  Stunden an jedem Ort tätig werden, zu dem sie gerufen wird. Bei

einem Pulverfund vorzugsweise, um eine Freimessung von chemischen und radionuklearen Stoffen vorzunehmen.

Ressourcen

Personal

Die wichtigste Ressource bei infektiologischen Lagen stellt das Personal dar. Hier müssen die Maßnahmen zum Arbeitsschutz (persönliche Schutzmaßnahmen) im Vordergrund stehen.

In biologischen Gefahrenlagen kann das im Umgang mit persönlicher Schutzausrüstung (PSA) geschulte medizinische Personal, inkl. Rettungsdienstpersonal, sehr schnell zu einer Mangel-Ressource werden. Insbesondere bei Nutzung des Infektionsschutzsets und der damit verbundenen geringen Tragezeit und hohen körperlichen Belastung wird der Mangel an geschultem Personal zusätzlich verschärft.

Persönliche Schutzausrüstung

Bei einer deutschlandweiten Krisensituation wird die PSA sehr schnell vergriffen sein. Entsprechend muss Vorsorge getroffen werden, um PSA in ausreichender Menge zu bevorraten (**CAVE: Haltbarkeit**).

Die ausreichende Menge ist abhängig von der Risikobewertung, welche Szenarien zu erwarten sind und welches Ausmaß diese im eigenen Zuständigkeitsbereich annehmen können. Hierbei sind auch die Tragezeiten zu berücksichtigen. Wie in dem Kapitel "Toolbox" zum Arbeitsschutz beschrieben wird, ist das Infektionsschutzset pro Anzug wesentlich günstiger als ein Gebläseanzug. Aufgrund der kurzen Tragezeit von maximal 2 Stunden, bei Ungeübten auch deutlich kürzer, ist der Verbrauch jedoch deutlich höher.

Verpackungsmaterial für Proben

Um in einer biologischen Krisensituation Proben schnell und sicher versenden zu können, ist ausreichend Verpackungsmaterial (P620) vorzuhalten. Falsches Verpackungsmaterial kann dazu führen, dass Probematerial aus der Verpackung austritt und damit Personen kontaminiert werden. Zudem können "improvisierte" Verpackungen das Personal im Labor vor Herausforderungen beim Öffnen der Verpackung stellen, wodurch wertvolle Zeit verschwendet wird.

Sonstige Ressourcen

Auf die weiteren Ressourcen, wie Medikamente für PEP und Therapie, die Absonderungseinrichtungen bzw. das Personal zur Überwachung von häuslicher Quarantäne und die Versorgungskapazitäten im Krankenhaus, insbesondere Beatmungsbetten und Isolierbetten, wird im Kapitel "Toolbox" eingegangen.

Ambulante Versorgung

Sowohl im Rahmen der Influenza-Pandemieplanung als auch der Planungen im Rahmen von COVID-19 spielt die ambulante Patientenversorgung eine große Rolle. Der Pandemieplan des RKI führt dazu aus

> *"Zur Sicherstellung der notwendigen stationären Behandlungsressourcen für schwer erkrankte Fälle soll die Patientenversorgung so lange wie möglich ambulant erfolgen."* (**Strukturen und Maßnahmen, Nationaler Pandemieplan**, RKI)

Zur Abklärung von COVID-19 Verdachtsfällen schreibt das RKI

> *"In bestimmten Situationen, in denen eine stationäre Aufnahme unter klinischen Gesichtspunkten nicht notwendig ist, kann bei Erfüllung gewisser Voraussetzungen (siehe Tabelle) dies in der ambulanten Betreuung erfolgen."* (**Hinweise zum ambulanten Management von COVID-19-Verdachtsfällen**, RKI, Stand 27.2.2020).

Die Organisation und das Risikomanagement der ambulanten Versorgung sollten im Vorfeld einer Krise geplant werden.

> *„Über die Daseinsfürsorge hinaus liegt die Zuständigkeit für die ambulante Versorgung im Rahmen des Sicherstellungsauftrags nach §72 des Fünften Buches Sozialgesetzbuch bei den Kassenärztlichen Vereinigungen".*

**(Strukturen und Maßnahmen, Nationaler Pandemieplan
Teil 1**, RKI)

Zur Sicherstellung der Qualität in der ambulanten Versorgung ist es
dringend notwendig, niedergelassenen Ärztinnen und Ärzten speziell auf
ihre Tätigkeit ausgerichtete Informationsmaterialien zur Verfügung zu
stellen, die praktische Handreichungen sind, z.B. zur Anamnese-
Erhebung, für Beratungsgespräche, zur Probenahme, zu
Diagnostiklaboren und zu Schutzmaßnahmen für sich, ihr Personal
sowie die anderen Patienten. Die Empfehlungen der Bundesärztekammer
und der Berufsgenossenschaft für Gesundheitsdienst und
Wohlfahrtspflege haben besondere Hinweise publiziert für das
Risikomanagement in Arztpraxen.

Klinikzuweisung, stationäre Versorgung

Wenn die Anzahl Geschädigter die unmittelbar verfügbaren Ressourcen
des Rettungsdienstes übersteigt, spricht man von einem Massenanfall
von Verletzten (MANV). Diesbezüglich und bezüglich Sichtung und
Klinikzuweisung wird es in diesem Lehrbuch zu einem späteren
Zeitpunkt weitere Hinweise geben.

Welche Systeme der Klinikzuweisung im Regelbetrieb des
Rettungsdienstes genutzt werden, ist regional unterschiedlich. In
welchen infektiologischen Lagen die Zuweisungssysteme für den
Regelbetrieb/MANV geeignet erscheinen oder ob abweichende
Zuweisungssysteme zu nutzen sind, muss festgelegt werden.

Idealerweise ist ein Zuweisungssystem nicht nur mit der stationären
Versorgung, sondern auch mit dem ambulanten Sektor verzahnt. Hiermit
kann dann eine gezielte Entlastung des stationären Bereichs erfolgen.

Auch im stationären Bereich sind umfangreiche Vorbereitungen
notwendig. So führt der Pandemieplan des RKI aus:

> *„Eine von der allgemeinen Patientenversorgung räumlich
> getrennte Aufnahme und Versorgung von Influenzapatienten
> sowie die Bereitstellung zusätzlicher Bettenkapazitäten,
> beispielsweise durch Verschiebung planbarer Operationen,
> sind dabei von besonderer Bedeutung."* **(Strukturen und
> Maßnahmen, Nationaler Pandemieplan Teil 1**, RKI)

Zum Bedarf an persönlicher Schutzausrüstung verweisen wir an dieser Stelle auf das **Kapitel "Toolbox"**. Auch an den erhöhten Bedarf z.B. von Medikamenten muss gedacht werden.

Toolbox

Toolbox

In der Toolbox (Werkzeugkasten) werden fachliche und logistische Maßnahmen näher beschrieben, die bei infektiologischen Gefahrenlagen ggf. notwendig werden.

Zu den **fachlichen Maßnahmen** gehören

- Diagnostik
- Arbeitsschutz/Persönliche Schutzausrüstung
- Surveillance
- Desinfektionsmaßnahmen
- Schutzmaßnahmen
- Isolierung

Den **logistischen Maßnahmen** können folgende Themen zugeordnet werden:

- Patiententransport
- Probenmanagement
- Therapie und Impfkonzept
- Umgang mit Leichen
- Entsorgungsmanagement

Hier dargestellt, sind generische Hinweise. Für zahlreiche Erreger gibt es spezielle Empfehlungen, z.B. auf den Seiten des RKI unter **Infektionskrankheiten A-Z**, auf den Internetseiten Landesbehörden oder ggf. der jeweils zuständigen Behörden.

Fachliche Maßnahmen

Diagnostik

Die Diagnostik zur Feststellung der Krankheit ist ein wesentlicher Bestandteil zur Beurteilung, welche therapeutischen und seuchenhygienischen Maßnahmen notwendig sind. Die Diagnostik reicht von der Anamnese über die körperliche Untersuchung bis zur apparativen Untersuchung inklusive der Laboranalytik. Bei vielen Infektionskrankheiten wird die Diagnostik dadurch erschwert, dass die Symptome bei Krankheitsbeginn häufig sehr unspezifisch sind, so dass eine Abklärung im Labor notwendig ist, um die Diagnose zu bestätigen.

Die Anforderung an die Labor-Diagnostik sind dementsprechend:

- hohe Sensitivität: möglichst geringe Mengen eines Erregers müssen nachweisbar sein, um falsch negative Ergebnisse zu vermeiden
- hohe Spezifität: gute Unterscheidung zwischen ähnlichen Erregern/Agentien, damit keine falsch positiven Ergebnisse vorkommen
- hohe Stabilität: möglichst geringer Einfluss von Störfaktoren, die das Ergebnis verfälschen und zu falsch positiven oder falsch negativen Ergebnissen führen können (z.B. durch Hemmstoffe)
- hohe Schnelligkeit: möglichst kurze Zeitspanne bis zum Testergebnis, damit die richtigen Maßnahmen so schnell wie möglich ergriffen werden können

Zur Optimierung der Diagnostik sind eine korrekte Probenahme sowie richtige Verpackung und Versand (ebenfalls in dieser Toolbox dargestellt) notwendige Voraussetzungen. Um im Krisenfall keine unnötige Zeit zu verlieren, sollten entsprechende Labore im Zuständigkeitsbereich bekannt sein, deren Diagnostikspektrum bekannt sein und die Kontaktinformationen vorliegen. Zum reibungslosen Ablauf trägt bei, mit dem Labor die Probenahme abzustimmen - insbesondere, welche Art von Proben am besten geeignet sind - und das Labor vorab zu informieren, damit es mit vorbereitenden Maßnahmen beginnen kann, solange die Probe noch unterwegs ist.

Während es zu Beginn eines Ausbruchs oder bei Erkrankungen mit hoher Letalität notwendig ist, jeden einzelnen Fall zu diagnostizieren, kann es im Verlauf einer Epidemie aufgrund von Laborüberlastung oder eindeutigen epidemiologischen Zusammenhängen notwendig werden, bei der Erstellung von Diagnosen auf Falldefinitionen zurückzugreifen, die eigentlich zum Ziel haben, bundesweit einheitliche Kriterien im Rahmen der Überwachung von Infektionskrankheiten sicherzustellen.

Arbeitsschutz / Schutzausrüstung

Grundlagen

Die Grundlage für Tätigkeiten mit Biologischen Arbeitsstoffen bildet die **Biostoffverordnung (BioStoffV)** mit dem Ziel, die Sicherheit und Gesundheit der Beschäftigten und anderer Personen zu schützen. Der beim Bundesministerium für Arbeit und Soziales gebildete **Ausschuss für**

Biologische Arbeitsstoffe (ABAS) ermittelt auf Grundlage der Biostoffverordnung den Stand der Wissenschaft, Technik, Arbeitsmedizin und Arbeitshygiene und stellt diese in Form von **Technischen Regeln für Biologische Arbeitsstoffe (TRBA)** zur Verfügung.

Sie decken die folgenden Themengebiete ab:

- Allgemeines, Aufbau und Anwendung
- Tätigkeiten mit biologischen Arbeitsstoffen (z.B. Schutzmaßnahmen in Laboratorien, bei akuten biologischen Gefahrenlagen, Abfall, Abwasser, Gesundheitswesen)
- Gefährdungsbeurteilung (z.B. Einstufung in Risikogruppen)
- Hygiene- und Desinfektionsmaßnahmen
- Beschlüsse des ABAS zu Anforderungen bei Tätigkeiten mit biologischen Arbeitsstoffen in besonderen Fällen (z.B. Tuberkulose, Polio, Influenza, hochpathogene Krankheitserreger)

TRBAs sollen dabei unterstützen, die bestmöglichen Arbeitsschutzmaßnahmen umzusetzen. Sie haben keinen Gesetzescharakter. Es ist daher möglich, andere Maßnahmen anzuwenden, die die gleiche Schutzwirkung haben.

Der Arbeitsschutz arbeitet nach dem Prinzip, dass bauliche Maßnahmen vor organisatorischen Maßnahmen und diese wiederum vor persönlichen Maßnahmen zu prüfen sind. Dementsprechend ist vor jedem Einsatz eine Gefährdungsbewertung durchzuführen und angemessene Schutzmaßnahmen festzulegen. Es sollte nicht grundsätzlich der höchstmögliche Schutz angewendet werden, da dieser einerseits den Träger unnötig belastet und im ungünstiens Fall sogar dazu beitragen kann, dass Patienten nicht optimal versorgt werden.

Persönliche Schutzausrüstung

In den TRBAs werden die Anforderungen an die Persönliche Schutzausrüstung (PSA) beschrieben, z.B. innerhalb von **Einrichtungen des Gesundheitswesens (TRBA 250)** oder für die **Versorgung von Patienten mit hochkontagiösen Erkrankungen außerhalb von Sonderisolierstationen (Beschluss 610)**. In den TRBAs werden zahlreiche Normen aufgeführt, die die PSA erfüllen muss. Für die Beschaffung von PSA ist es hilfreich, die Erfüllung der genannten Normen vom Hersteller zu fordern, da dadurch gewährleistet ist, dass der Stand der Wissenschaft eingehalten wird.

Schutzausrüstungen werden auf der Grundlage der **Richtlinie 89/686/EWG** (Richtlinie des Rates vom 21. Dezember 1989 zur Angleichung der Rechtsvorschriften der Mitgliedstaaten für persönliche Schutzausrüstungen) hergestellt und klassifiziert. Im Einsatz gegen tödliche Gefahren oder bei schwerwiegenden gesundheitlichen Folgeschäden kommt die Kategorie III zum Einsatz.

Bei der Auswahl von PSA kann grundsätzlich unterschieden werden zwischen dem sogenannten Infektionsschutzset, das aus verschiedenen Komponenten zusammengesetzt wird, und dem Gebläseanzug, der häufig aus einem Einteiler mit einem externen Gebläse besteht.

Als Vorteile des Infektionsschutzsets werden der geringere Preis pro Set und der niedrigere Wartungsaufwand aufgeführt. Die Vorteile des Gebläseanzugs sind der höhere Tragekomfort, längere Tragezeiten, bessere Kommunikationsmöglichkeiten bei Verwendung eines Headsets, keine Geruchsbelästigung bei der Dekontamination (bei der Nutzung von ABEK P3-Filtern). Auch wenn beim Infektionsschutzset die Fehlerquote beim Anlegen höher ist als beim Gebläseschutz, benötigen beide Systeme regelmäßiges Training. Insbesondere beim Ablegen der PSA treten regelmäßig Fehler auf, die im Ernstfall lebensbedrohliche Folgen haben können.

Im Folgenden wird daher auf diese Komponenten in Auszügen gesondert eingegangen, bezüglich der vollständigen Beschreibung wird auf die TRBA 250 und den Beschluss 610 verwiesen.

Atemschutz

Die Atemwege werden durch partikelfiltrierende Masken geschützt (Filtering Face Piece, FFP). Die Dichtigkeit wird nach DIN EN 149:2001 auf Feinstäube und flüssige Aerosole geprüft. Die Klasse gibt die Filterleistung an:

- FFP-1 höchstens 22%,
- FFP-2 höchstens 8% und
- FFP-3 höchstnes 2% Gesamtleckage

Mit Abnahme der Leckage steigt die Schutzwirkung, aber auch die Belastung durch erschwertes Atmen. Ein Ausatemventil trägt im Gegenzug zur Reduzierung der Belastung bei und sollte daher insbesondere bei FFP-3 Masken gewählt werden. Zusätzlich wird die Schutzwirkung durch den korrekten Sitz beeinflusst. Aufgrund unterschiedlicher Kopfformen muss individuell getestet werden, welche Maske für wen am besten geeignet ist. Hierzu ist ein sogenannter FIT-Test durchzuführen. Bei Bartträgern oder stark vernarbter Haut im Bereich der Dichtlippe ist davon auszugehen, dass kein Dichtsitz erreicht wird. Um einen zusätzlichen Spritzschutz zu gewährleisten, sollte das Filterflies zusätzlich nach DIN EN 14683 (Spritzschutz IIR) geprüft sein.

Der häufig verwendete Mund-Nasen-Schutz ("OP-Maske") stellt keinen Atemschutz dar. Er ist in erster Linie bei erkrankten Personen einzusetzen, die gesundheitlich in der Lage sind, ihn zu nutzen, um die Verteilung von Erregern zu verringern. Eine Atemschutzmaske mit Ausatemventil darf hingegen bei Erkrankten nicht angewendet werden, da sie einerseits beim Einatmen einen hohen Atemwiderstand aufweist, andererseits beim Ausatmen keine Filterwirkung hat.

Bei Verwendung einer Vollmaske oder eines Gebläseschutzanzugs können Filter gewählt werden, die zusätzlich gegen Gase / Chemikalien schützen. Die Deutsche Gesetzliche Unfallversicherung (DGUV) hat wichtige **Hinweise zur Benutzung von Atemschutzgeräten** zusammengestellt.

Augenschutz

Bei der Auswahl von Augenschutz im Rahmen eines Infektionsschutzsets ist darauf zu achten, dass er mit den anderen Komponenten zusammenpasst. Besonders kritisch ist der Übergang von Atemschutzmaske und Schutzbrille. Bei Gebläseschutzanzügen ist der Augenschutz integriert. Je nach Risikobewertung kann eine Vollbrille notwendig sein, die rundum geschlossen, ungelüftet und beschlagsfrei ist. Wenn keine Gefahr einer Aerosolbildung besteht, kann auch ein Gesichtsvisier genutzt werden. Die Prüfkriterien sind in der EN 166 festgelegt. Entsprechend dieser Norm sollte die Schutzbrille die Rahmenkennzeichnung 5 aufweisen.

Handhygiene

Da die meisten Erreger über Hände übertragen werden, kommt auch dem Handschutz eine besondere Bedeutung zu. Hierbei ist zu betonen, dass Handschuhe die biologischen Agenzien ebenfalls übertragen können. Die Benutzung von Handschuhen befreit nicht von der Händehygiene. Bei der Wahl der Handschuhe ist sowohl auf mechanischen als auch auf biologischen Schutz zu achten.

Empfehlenswert ist, sich innerhalb der Gemeinde/des Landkreises mit den anderen Behörden abzustimmen und ein einheitliches PSA- und auch Dekontaminations- und Schulungs-Konzept auszuarbeiten.

Bedarf an Schutzausrüstung

Um den Verbrauch an PSA kalkulieren zu können, ist sowohl die Art als auch die Schwere der Erkrankung zu berücksichtigen, da von ihr einerseits die Art der PSA, andererseits die Häufigkeit der Kontakte mit den unterschiedlichen Berufsgruppen abhängt. Eine übersichtliche Kalkulationshilfe hat das amerikanische Centers of Disease Control and Prevention auf ihrer Internetseite publiziert. Anhand von fünf unterschiedlichen Szenarien wird der Bedarf beispielhaft dargestellt in **Estimated Personal Protective Equipment (PPE) Needed for Healthcare Facilities**.

MERKE: Der wichtigste persönliche Schutz ist die Inanspruchnahme der möglichen Schutzimpfungen!! Mit dem Betriebsarzt muss eine Gefährdungsanalyse erstellt werden.

Surveillance

Unter epidemiologischer Überwachung (Surveillance) wird

> *"die fortlaufende systematische Sammlung, Analyse, Bewertung und Verbreitung von Gesundheitsdaten zum Zweck der Planung, Durchführung und Bewertung von Maßnahmen zur Krankheitsbekämpfung verstanden"* RKI, 2020 (n.d.).

Die Surveillance dient der Früherkennung und Verhinderung der Weiterverbreitung von Infektionen

Im Dritten Abschnitt des Infektionsschutzgesetzes sind die gesetzlichen Grundlagen für das Meldewesen in Deutschland festgeschrieben. Dort sind festgelegt: die meldepflichtigen Krankheiten, Krankheitserreger sowie zur Meldung verpflichtete Personen sowie die Meldewege vom Gesundheitsamt über Landesbehörden bis zur Bundesbehörde und der Weltgesundheitsorganisation. In Krisenfällen ist das Bundesministerium für Gesundheit (BMG) durch §15 ermächtigt, mittels Rechtsverordnung entsprechend der epidemiologischen Lage, die Meldepflichten aufzuheben, einzuschränken oder zu erweitern.

Desinfektionsschutzmaßnahmen

Da Krankheitserreger häufig auch über belebte und unbelebte Oberflächen weiterverbreitet werden können, ist es zur Verhinderung einer Weiterverbreitung von Krankheitserregern erforderlich, alle Gegenstände, mit denen eine infektiöse Person in Kontakt gekommen sein könnte, regelmäßig zu desinfizieren. Insbesondere die Abschlussdesinfektion, wenn ein Patient einen Ort verlässt, z.B. den Rettungswagen oder das Zimmer nach Entlassung, ist notwendig, um Personen, die die Räumlichkeiten anschließend betreten, zu schützen. Bei aerosolübertragbaren Krankheiten kann es zusätzlich notwendig sein, neben einer Scheuer-Wisch-Desinfektion, eine Raumdesinfektion durchzuführen.

Desinfektionsmaßnahmen betreffen auch Personen, die durch eine infektiöse Person oder Gegenstände kontaminiert worden sein könnten. Besondere Bedeutung kommt hierbei der Händehygiene zu, da die meisten Krankheiten über kontaminierte Hände übertragen werden. Während es im häuslichem Umfeld häufig ausreichend ist, die Hände gründlich zu waschen, ist zum Schutz der Mitarbeitenden, der Erkrankten und der Besucher in Bereichen mit gefährlichen Krankheitserregern, wie z.B. im medizischen Bereich und in Diagnostiklaboren, vorgeschrieben, die Hände zu desinfizieren.

Im §18 des IfSG ist festgeschrieben, dass bei behördlich angeordneten Desinfektionsmaßnahmen ein Desinfektionsmittel und eine -methode angewendet werden dürfen, die von der zuständigen Bundesoberbehörde, in diesem Fall dem Robert Koch-Institut, im Bundesgesundheitsblatt bekannt gemacht wurden. Bei der Desinfektion werden thermische, chemische und sonstige Verfahren unterschieden. Bei der Auswahl eines geeigneten Desinfektionsmittels ist es notwendig, die Wirkungsbereiche zu beachten. Diese sind in der Desinfektionsmittelliste - hier vereinfacht dargestellt - unterschieden nach:

A. zur Abtötung von vegetativen Bakterien,

B. zur Inaktivierung von Viren, wobei „viruzid" sowohl gegen behüllte als auch gegen unbehüllte Viren wirksam ist, während „begrenzt viruzid" vorzugsweise gegen behüllte Viren wirkt,

C. zur Abtötung von Sporen des Erregers des Milzbrandes und

D. zur Abtötung von Sporen der Erreger von Gasödem und Wundstarrkrampf geeignet.

Das RKI veröffentlicht eine **Liste der geprüften und anerkannten Desinfektionsmittel und -verfahren.** Da eine fachgereche Desinfektion hohe Fachkompetenz und Erfahrung voraussetzt, beschreibt die **Kommission für Krankenhaushygiene und Infektionsprävention**, in einer **Empfehlung: Personelle und organisatorische Voraussetzungen zur Prävention nosokomialer Infektionen**.

Die Desinfektionsmittelliste des Verbundes für angewandte Hygiene e.V. ist die Standardreferenz für die Desinfektion im Routinebetrieb beim medizinischen und nichtmedizinischen Einrichtungen. Während unter Dekontamination üblicherweise die Reduktion von schädlichen Agenten auf ein gesundheitsunschägliches Maß verstanden wird, bedeutet Desinfektion, die Abtötung bzw. irreversible Inaktivierung von Krankheitserregern. Eine Dekontamination kann daher, in Gegensatz zur Desinfektion, ausschließliche eine mechanische Entfernung ohne Inaktivierung/Abtötung darstellen (**siehe dazu auch: Dekontamination betroffener Personen**).

Schutzmaßnahmen

Postexpositionsprophylaxe

Grundsätzlich besteht bei einigen Infektionskrankheiten die Möglichkeit, dass durch eine unmittelbar nach einer Exposition / möglichen Infektion eingeleitete Prophylaxe der Ausbruch einer Krankheit verhindert wird.

Beispiele für Krankheiten, die mit antibiotischer Postexpositionsprophylaxe (PEP) verhindert werden können, sind z.B.:

- Meningokokken-Meningitis
- Milzbrand
- Tularämie
- Pest

Auch einige Viruserkrankungen können im Rahmen eines individuellen Heilversuchs durch eine PEP möglicherweise verhindert werden, z.B.

- virale hämorrhagische Fieber
- Pocken
- Influenza

Bei Ansteckungsverdächtigen muss die Möglichkeit und Sinnhaftigkeit einer PEP geprüft werden.

Der ÖGD sollte für den eigenen Zuständigkeitsbereich aktuelle Risikobewertungen vornehmen. Dazu gehört, die folgenden Fragen zu klären:

- Mit welchen Infektionskrankheiten muss (realistisch) gerechnet werden?
- Welche dieser Krankheiten sind einer medikamentösen PEP zugänglich?
- Welche Medikamente sind als PEP geeignet?
- Sind diese Medikamente für den ÖGD auch in Krisensituationen in ausreichender Menge verfügbar?
- Ist eine eigene Bevorratung von Medikamenten sinnvoll? Sind bei Bevorratung u.U. auch die Bestände benachbarter GA's bekannt?
- Gibt es einen Plan zur Verteilung der PEP?
- Sind die Ressourcen zur Verteilung einer PEP auch im Krisenfall verfügbar?
- Ist Informations- und Dokumentationsmaterial für den Fall einer PEP vorbereitet?
- Sind postexpositionelle Impfungen möglich und sinnvoll?
- Sind die benötigten Impfstoffe in ausreichender Anzahl verfügbar?
- Ist Material zum Transport, zur Lagerung und zur Verabreichung der Impfstoffe vorhanden?
- Gibt es einen Plan zur Verabreichung postexpositioneller Impfungen?
- Ist Informations- und Dokumentationsmaterial für den Fall einer postexpositionellen Impfung vorbereitet?

Isolierung/Absonderung/Quarantäne

Das Ziel von Isolierung/Absonderung/Quarantäne ist, eine Weiterverbreitung von Krankheitserregern zu reduzieren oder möglichst zu verhindern. Siehe dazu auch das Fachwörterbuch Infektionsschutz.

Das IfSG beschreibt die Maßnahmen hierzu in gestufter Weise in §§28 und 30.

Im Sinne des **§30 IfSG** ist die Absonderung/Quarantäne eine Isolierungsmaßnahme für Kranke, Krankheitsverdächtige, Ansteckungsverdächtige und Ausscheider. Diese kann in einem geeigneten Krankenhaus oder in sonst geeigneter Weise erfolgen. Für Ausscheider sind Ausnahmen möglich, wenn andere Schutzmaßnahmen befolgt werden.

In Abgrenzung zur Absonderung/Quarantäne sind auch Isolierungsmaßnahmen nach **§28 IfSG** möglich, bei denen Personen verpflichtet werden, den Ort nicht zu verlassen, an dem sie sich befinden, oder bestimmte Orte nicht zu betreten. Hierzu könnte beispielsweise auch die häusliche Isolierung gezählt werden.

Praktische Aspekte von Isolierungsmaßnahmen

Erfahrungen von Ausbrüchen in den letzten Jahren, bei denen z.B. eine häusliche Isolierung angeordnet wurde, zeigen, dass den Betroffenen häufig der Hintergrund für die Sinnhaftigkeit der Maßnahme fehlte und sie teilweise lediglich als „Arbeitsverbot" verstanden wurde, oder dass sie zwar die Wohnung nicht verlassen sollten, dann im Gegenzug aber Besuch eingeladen hatten.

Entsprechend empfiehlt es sich, die Anordnung schriftlich an die Betroffenen auszugeben und auf die Folgen bei Nichteinhaltung aufmerksam zu machen. Verstöße können mit einer Geld- oder Freiheitsstrafe geahndet werden.

Es ist wichtig, den Betroffenen Empfehlungen zu geben, wie sie sich im häuslichen Umfeld verhalten sollen, insbesondere wenn sich weitere Personen in derselben Wohnung aufhalten, für die keine Isolierungsmaßnahmen festgelegt wurden. Hierzu gehören die Händehygiene sowie das gegenseitige Abstandhalten. Insbesondere bei

Familien mit kleinen Kindern kann dies eine große Herausforderung darstellen.

Eine besondere Herausforderung kann auch die Versorgung von betroffenen Personen darstellen, die keine Nachbarn oder Angehörigen haben, die sie mit Lebensmitteln versorgen können. Hierzu kann das Gesundheitsamt eine Liste mit Unterstützungsangeboten vorbereiten, z.B. Lieferdienste von Lebensmittelgeschäften oder Apotheken.

Auch die seelische Gesundheit stellt einen wichtigen Pfeiler dar, da z.B. Ängste, Sorgen vor Ansteckung und Einsamkeit dazu beitragen können, dass die behördliche Anordnung nicht eingehalten oder abgebrochen wird. Informieren Sie daher die Betroffenen über Möglichkeiten, wie sie sich beschäftigen und fit halten können, wie sie weiterhin mit der Umwelt in Verbindung bleiben können, und an wen sie sich im Notfall werden können.

Logistische Maßnahmen

Rettungsdienstlicher Patiententransport

Der Patiententransport in B-Lagen stellt den Rettungsdienst vor besondere Herausforderungen.

In der Regel ist der Transport dekontaminierter Patienten anzustreben. Die **Feuerwehr-Dienstvorschrift „Einheiten im ABC – Einsatz" (FwDV 500)** führt dazu aus:

> *"Kontaminierte Verletzte sind - soweit medizinisch vertretbar - unter Verantwortung und Anleitung durch den Rettungsdienst (Notarzt) zu dekontaminieren. (...) Bei einigen ABC-Gefahrstoffen, die bei Kontaminationsverschleppung eine erhebliche Schadenausweitung hervorrufen würden (z. B. Kampfstoffe, besonders B-Kampfstoffe und ansteckungsgefährliche Stoffe), ist eine Dekontamination/ Desinfektion an der Einsatzstelle erforderlich." (AFKzV 2012)*

Der Transport nicht dekontaminierter Patienten in C-, R- und N-Lagen kann im Nachgang zu schwerwiegenden Problemen führen. Neben der Gefährdung von Personal und Bevölkerung kann es zu einer

Kontaminationsverschleppung in Transportmitteln und im Weiteren auch in Einrichtungen der Gesundheitsversorgung kommen. Im Verlauf einer Krise führt dies im ungünstigsten Fall zu einem Ausfall dieser Infrastruktur.

Transport infektiöser Personen

Der Transport infektiöser Patienten durch den Rettungsdienst folgt meist einer anderen Logik als bei C- und RN-Lagen. Da der Patient den Erreger stetig ausscheidet, ist eine Dekontamination häufig nicht sinnvoll. Diese Transporte setzen gewisse Schutzmaßnahmen voraus. Die Akteure des Rettungsdienstes erstellen hierzu Hygienepläne. Diese sollten in Zusammenarbeit und in Abstimmung mit den verantwortlichen Personen im Gesundheitsamt erarbeitet werden.

Der Umfang der notwendigen Schutzmaßnahmen muss sich an einer Einstufung des Patienten orientieren. Das Landesinstitut für Arbeitsgestaltung in Nordrhein-Westfalen hat hier Informationen veröffentlicht zu **Infektionsgefährdung im Rettungsdienst.**

Dekontamination kontaminierter Personen

Bei Personen, die äußerlich mit Erregern kontaminiert wurden, ist eine Dekontamination vor einem Transport hingegen sinnvoll, um eine Kontaminationsverschleppung zu verhindern. Exemplarisch sei der Transport einer Person genannt, die mit einer unbekannten biologischen Substanz in Kontakt gekommen ist. Dieser Patient ist zu dekontaminieren. Es ist davon auszugehen, dass alleine durch Entfernung der Kleidung ein Großteil der Kontamination entfernt werden kann. Der Körper ist anschließend mit reichlich Wasser und Seife mechanisch zu reinigen. Das Duschwasser sollte – wenn möglich – aufgefangen und einer gesonderten Dekontamination zugeführt werden (z.B. chemisch oder thermisch). Eine dekontaminierte Person gilt trotzdem weiterhin als ansteckungsverdächtig.

Spezifische Informationen hat das RKI hier zum Thema "**Pulverfund**" veröffentlicht.

Transportkapazitäten in der Krise

In Vorbereitung auf eine Krise ist es notwendig, sich im zuständigen Rettungsdienst zu informieren, welche Schutzmaßnahmen umgesetzt werden und welche Erkrankungsfälle in welcher Anzahl sicher transportiert werden können.

Es müssen bei der Verfügbarkeit von Rettungsmitteln auch Ausfallzeiten durch Desinfektion bedacht werden. Der Ausfall von Personal im Rahmen von Ausbruchsgeschehen sollte bedacht werden.

• Welche Kapazitäten kann der zuständige Rettungsdienst im Rahmen von Infektionstransporten realistisch zur Verfügung stellen?
• Welche weiteren Kapazitäten können, z.B. im Rahmen der überörtlichen Hilfe, in welcher Zeit mobilisiert werden?
• Sind Meldewege und Zuständigkeiten geklärt?

Sonderisolier- oder Hochinfektionstransport

Regelmäßig wird es auf lokaler Ebene nicht möglich sein, Patienten mit lebensbedrohlichen hochansteckenden Erkrankungen sicher zu transportieren. Zu diesen Erkrankungen zählen z.B.

• Lungenpest
• Pocken
• virale hämorrhagische Fieber

Allein der Verdacht auf eine dieser Erkrankungen sollte zu einem Transport mit angemessenen Schutzmaßnahmen führen. Ziel dieser Transporte ist in der Regel eine Sonderisolierstationen (SIS).

Für diese sogenannten Sonderisoliertransporte (SIT) oder Hochinfektionstransporte (HIT) werden an einzelnen Standorten in Deutschland Sonderfahrzeuge (Infektionsrettungswagen), speziell geschultes Personal und besondere Schutzausrüstungen vorgehalten. Es gibt allerdings keinen einheitlichen Standard. Aufgrund häufiger Anfragen beim Robert Koch-Institut wird an dieser Stelle darauf hingewiesen, dass für den primären Schutz des Personals in erster Linie die Einhaltung von Schutzmaßnahmen, wie z.B. korrekter Einsatz der PSA, und weniger das Transportmittel entscheidend ist. Der Vorteil von SIT und HIT besteht in der besseren Dekontaminierbarkeit des Fahrzeugs, da es mit glatten, gut dekontaminierbaren Oberflächen ausgestattet ist. Wird ein herkömmlicher

RTW verwendet, sollten möglichst vorher die medizinischen Geräte ausgebaut werden, die nicht benötigt werden, da diese schwer zu dekontaminieren sind und meistens auch vom Hersteller keine Garantie übernommen wird, dass diese nach einer Dekontamination zuverlässig arbeiten.

Die Durchführung von SIT/HIT ist logistisch sehr aufwendig, und es wird ein erheblicher zeitlicher Vorlauf benötigt. Die Menge an durchführbaren SIT/HIT ist in ihrer Anzahl sehr begrenzt. Die Standorte der verfügbaren SIT/HIT sind entsprechend in dem **Ständigen Arbeitskreis der Kompetenz- und Behandlungszentren für Krankheiten durch hochpathogene Erreger (STAKOB)** bekannt.

Proben

Probenahme

Grundsätzlich sind die klinische Probenentnahme und die Umweltprobenahme zu unterscheiden. Auf die klinische Probenahme wird im Folgenden nicht weiter eingegangen, da sie zur täglichen Routine gehört. Sollte sich ein ungewöhnlicher klinischer Fall ergeben, der eine besondere Probenahme erforderlich macht, besteht die Möglichkeit, sich von Experten des STAKOB beim RKI beraten zu lassen.

Auch bei Umweltkontamination ist eine qualifizierte Probenahme die Voraussetzung für eine erfolgreiche Probenuntersuchung. Im Vorfeld sollte mit einem geeigneten Labor abgestimmt werden, welche Probe wie und in welcher Menge genommen werden soll. Zudem muss sichergestellt sein, dass das Labor Umweltproben bearbeiten kann. Wird ein (bio-)terroristischer Anschlag vermutet, bei dem zusätzlich die Täter ermittelt werden müssen, ist, um eine Vernichtung wichtiger Spuren zu vermeiden, zudem eine enge Abstimmung mit den zuständigen Polizeibehörden notwendig. Unter Umständen ist auch geschultes Personal für die Probenentnahme erforderlich. Es ist nicht zwingend davon auszugehen, dass jedes Gesundheitsamt dazu sofort in der Lage ist.

Im Gegensatz zu chemischen, radioaktiven und nuklearen Stoffen ist eine Echtzeitdetektion biologischer Agenzien bisher nicht zuverlässig möglich. Kommerziell erhältliche Schnelltests zur Umweltanalytik weisen, auch wenn sie sich stetig verbessern, momentan noch eine zu hohe Anzahl an falsch positiven und falsch negativen Ergebnissen auf.

Da die Probennahme in einem kontaminierten Umfeld erfolgt, ist Selbstschutz notwendig (s. Arbeitsschutz/PSA) sowie **TRBA 130**. Auch die anschließende Dekontamination beim Verlassen des Probenahmeortes muss vor Betreten des kontaminierten Bereichs geklärt werden. Hierzu sollte das Gesundheitsamt, sofern es die Probennahme nicht selber durchführen will oder kann, mit den örtlichen Feuerwehren im Vorfeld Absprachen treffen. Weitere Informationen hat das BBK veröffentlicht mit den **Empfehlungen für die Probenahme zur Gefahrenabwehr im Bevölkerungsschutz**. In ihm wird die Probenahme bei chemischen, biologischen und radioaktiven Kontaminationen beschrieben. Die Europäische Kommission hat zu dem Thema den **Leitfaden Biological Incident Response & Environmental Sampling** zur biologischen Probenahme publiziert.

Probentransport

Der Transport von Gefahrgut - darunter fallen auch CBRN-Proben - wird durch das **Europäische Übereinkommen zur internationalen Beförderung gefährlicher Güter auf der Straße** (Accord européen relatif au transport international des marchandises Dangereuses par Route, ADR) geregelt. Das ADR wird alle 2 Jahre überarbeitet, daher ist darauf zu achten, die aktuellste Ausgabe zu verwenden.

Verantwortlichkeiten

Gefahrstoffe werden verschiedenen Gefahrgutklassen zugeordnet, für die konkrete Kennzeichnungs-, Verpackungs- und Beförderungsrichtlinien vorgeschrieben sind. Der Absender ist nach §18 der **Gefahrgutverordnung Straße, Eisenbahn und Binnenschifffahrt (GGVSEB)** verantwortlich für die ordnungsgemäße Klassifizierung und die Einhaltung der dazu gehörenden Transportvorschriften. Im Zweifelsfall ist dies die Leitung der versendenden Institution und damit z.B. der/die Leiter/in des Gesundheitsamtes.

Ausführliche Erläuterung zum korrekten Versand werden dargestellt im Leitfaden der Weltgesundheitsorganisation **Guidance on regulations for the Transport of Infectious Substances**:

- Klassifizierung der Sendung
- Korrekte Verpackung der Sendung
- Korrekte Kennzeichnung der Sendung
- Korrekte Markierung der Sendung
- Originaldokumentation für die Sendung
- Vorlage der notwendigen Einfuhrgenehmigungen
- Vorbereitende Vorkehrungen gegenüber dem Beförderungsunternehmen, um zu gewährleisten, dass die Sendung für den Transport akzeptiert wird und die Beförderung auf der direkten bzw. schnellsten Route erfolgt.

Klassifizierung

Für **chemische Stoffe** gelten, je nach Beschaffenheit des Stoffes, die Gefahrgutklassen (teilweise mit Unterklassen):

Klasse 2 - Gase und gasförmige Stoffe

Klasse 3 - entzündbare flüssige Stoffe

Klasse 4 - entzündbare feste Stoffe

Klasse 5 - entzündend (oxidierend) wirkende Stoffe

Klasse 6.1 - giftige Stoffe

Klasse 8 - ätzende Stoffe

Für **radiologisch-nukleare Stoffe** gilt die Gefahrgutklasse 7 - radioaktive Stoffe.

Biologische Stoffe werden der Gefahrgutklasse 6.2 - Ansteckungsgefährliche Stoffe zugeordnet. Ansteckungsgefährliche Stoffe im Sinne des ADR sind Stoffe, von denen bekannt oder anzunehmen ist, dass sie Krankheitserreger enthalten.

Biologische Proben werden noch einmal unterteilt in:

- Klasse 6.2 Kategorie A: Ein ansteckungsgefährlicher Stoff, der in einer solchen Form befördert wird, dass er bei einer Exposition bei sonst gesunden Menschen oder Tieren eine dauerhafte Behinderung oder eine lebensbedrohliche oder tödliche Krankheit hervorrufen kann. Eine Liste der Erreger ist im Annex 2 der

Weltgesundheitsorganisation **Guidance on regulations for the Transport of Infectious Substances** zu finden. Bei Erregern der Kategorie A fallen auch Krankenhausabfälle unter die Klassifizierung (UN 2814 oder UN 2900) und die Verpackungsvorschrift (Verpackung: P 620).

- Klasse 6.2 Kategorie B: Ein ansteckungsgefährlicher Stoff, der den Kriterien für eine Aufnahme in Kategorie A nicht entspricht. (Klassifizierung: UN 3373; Verpackung: P 650)

Freigestelle medizinische Probe: Stoffe, die keine ansteckungsgefährlichen Stoffe enthalten, oder Stoffe, bei denen es unwahrscheinlich ist, dass sie bei Menschen oder Tieren Krankheiten hervorrufen, unterliegen nicht den Vorschriften des ADR, es sei denn, sie entsprechen den Kriterien für die Aufnahme in eine andere Klasse. Hierbei handelt es sich z.B. um nicht-pathogene oder inaktivierte Mikroorganismen oder um Proben mit Erregern in Konzentrationen, wie sie in der Natur vorkommen. (ohne UN-Nummer; Verpackung: auf Basis P 650)

Verpackungsvorschriften

Die Verpackungen sind grundsätzlich 3-teilig. Die hauptsächlichen Unterschiede liegen in den unterschiedlichen Prüfanforderungen, die die Verpackungen erfüllen müssen. Sie liegen vor in:

- (einem) flüssigkeitsdichten Primärgefäß(en); umgeben von saugfähigem Material in einer für die Aufnahme des gesamten Inhalts ausreichenden Menge
- einer flüssigkeitsdichten Sekundärverpackung (außer bei festen Stoffen)
- einer starren Außenverpackung

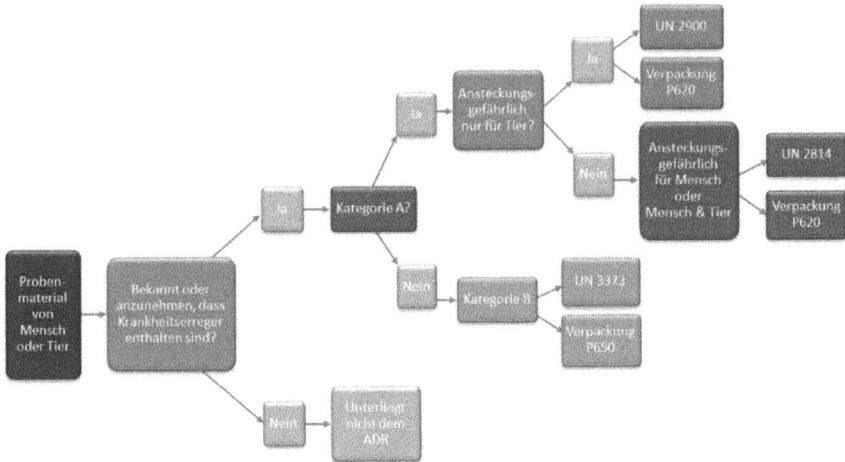

Abbildung 9: Probenmaterial klassifizieren nach Verpackungsvorschrift (Quelle: RKI)

Notfallbeförderung

Eine Freistellung von den Vorschriften des ADR ist bei einer
Notfallbeförderung möglich :

> *"Notfallbeförderungen zur Rettung menschlichen Lebens oder
> zum Schutz der Umwelt, vorausgesetzt es werden alle
> Maßnahmen zur völlig sicheren Durchführung dieser
> Beförderungen getroffen."* (Unterabschnitt 1.1.3.1e ADR)

Die Notfallbeförderung befreit daher nicht von einer sicheren Verpackung.
Einige Transportunternehmen bieten an, die Verpackungen mitzubringen
und die Probe auch selber zu verpacken. Hier sollten im Vorfeld
Absprachen mit Transportunternehmen getroffen werden.

Im Falle der Primärproben bei einem bioterroristischen Anschlag oder bei
einer akut lebensbedrohlichen Erkrankung, bei der nicht auf ein offiziell
für den Gefahrguttransport gekennzeichnetes Fahrzeug mit entsprechend
geschulten Fahrern zurückgegriffen werden kann, ist eine
Notfallbeförderung mit einem Einsatzfahrzeug von Rettungsdienst,
Feuerwehr oder Polizei möglich.

Kontaktminimierende Maßnahmen

Bei Infektionskrankheiten, die über Tröpfchen und/oder Schmierinfektion übertragen werden, kann durch kontaktminimierende Maßnahmen die Ausbreitung vermindert werden. Hierzu gehören vor allem eine strikte Händehygiene, eine Husten- und Nies-Etikette sowie Abstand (1-2m) halten.

Um kontaktminimierende Maßnahmen zielgerichtet anzuwenden, empfiehlt es sich, relevante Einrichtungen und Veranstaltungen zu identifizieren.

Je nach Erreger und besonders empfänglicher Gruppe können diese variieren, typische Einrichtungen sind z.B.:

- Schulen / Kindergärten
- Pflegeeinrichtungen
- Großküchen

Bei Großveranstaltungen wie Messen, Konzerten, Sportveranstaltungen können als Kriterien für die Beschränkung herangezogen werden:

- Besteht die Möglichkeit Abstandsregelungen und sonstige Hygienemaßnahmen einzuführen, oder kann die Teilnehmerzahl so reduziert werden, dass dieses möglich wird?
- Wie ist die Belüftung des Veranstaltungsortes?
- Ist ein Eingangsscreening möglich?
- Können Personen mit akuten erregertypischen Symptomen ausgeschlossen werden?
- Kann die Veranstaltung verschoben werden?

Das RKI hat dazu **Allgemeine Prinzipien der Risikoeinschätzung und Handlungsempfehlung für Großveranstaltungen** veröffentlicht.

Therapie und Impfkonzept

Zu den wichtigsten präventiven Maßnahmen, die es im medizinischen Bereich gibt, gehören Impfungen. Da moderne Impfstoffe sehr risikoarm sind und einen sehr hohen Schutz bewirken, ist es inbesondere für medizinisches Personal sinnvoll, Impfangebote anzunehmen, um im Falle eines Krankheitsausbruchs geschützt zu sein. Auch die Impfung gegen andere Krankheiten kann sinnvoll sein, um nicht aufgrund ähnlicher

Krankheitssymptomatik als krankheitsverdächtig zu gelten. Für den Schutz der Bevölkerung sind hohe Impfquoten anzustreben, da diese es verhindern, dass sich Krankheitserreger ausbreiten. Bei den humanen Pocken ist es durch sehr hohe Impfquoten sogar gelungen, die Krankheit vollständig zu eliminieren. Aktuell wird dieses Ziel bei Masern und Polio angestrebt.

Bei neuen Krankheitserregern ist davon auszugehen, dass ein Impfstoff nicht (sofort) zur Verfügung stehen wird, sondern erst entwickelt werden muss. Dies kann bei Impfstoffen, die grundsätzlich schon zugelassen sind und die nur auf den aktuellen Erreger angepasst werden müssen, innerhalb weniger Monate gehen (z.B. Influenza). Bei anderen Impfstoffen kann die Entwicklung Monate bis Jahre dauern, dem folgt noch ein längerer Zulassungsprozess, der sicherstellen soll, dass keine unerwünschten Nebenwirkungen bei dem Impfstoff auftreten.

Therapiekonzepte sind bei zahlreichen Krankheiten verfügbar. Jedoch auch hier ist damit zu rechnen, dass bei neu auftretenden oder bei sehr selten auftretenden Krankheiten keine Therapieoptionen bekannt sind und erst im Laufe der Erkrankungen in Studien entwickelt werden können. Die ersten Patienten können daher nur mittels supportiver Therapie und in Einzelfällen im Rahmen eines individuellen Heilversuchs therapiert werden.

Ziel zu Beginn eines Ausbruchs einer Krankheit, für die kein Impfstoff und kein spezielles Therapeutikum besteht, ist es daher, den Ausbruch durch seuchenhygienische Maßnahmen so lange hinauszuzögern, bis Impfstoffe oder Medikamente zur Verfügung stehen. Für den Fall sollten Konzepte erarbeitet werden, wie die Medikamente oder Impfstoffe am schnellsten und sichersten der Bevölkerung zur Verfügung gestellt werden können. Konzepte hierzu wurden beispielsweise im Rahmen der Vorsorge eines Ausbruchs von humanen Pockenviren deutschlandweit erstellt.

Umgang mit Leichen

Leider wird es sich auch in einer Krisensituation nicht verhindern lassen, dass Menschen sterben werden. Dies kann in zweierlei Hinsicht eine Herausforderung für den Öffentlichen Gesundheitsdienst darstellen: durch eine hohe Anzahl sowie durch eine Kontagiosität der Leichname. Für beide

Notfallsituationen sollten entsprechende Krisenpläne erarbeitet werden. Landesrechtliche Bestimmungen sind zu beachten.

Hohe Anzahl von Verstorbenen

Um eine angemessene Aufbewahrung und Bestattung auch bei einer hohen Anzahl von Verstorbenen gewährleisten zu können, sollte eruiert werden, ob und wo es im Zuständigkeitsbereich kühle Räumlichkeiten gibt, um Verstorbene bis zur Beisetzung so aufzubewahren, dass es möglichst ethisch ist, von den Verstorbenen aber auch keine Gefahr für die Allgemeinbevölkerung ausgeht.

Kontagiöse Leichname

Bei manchen Krankheiten ist bekannt, dass die Leichname noch eine hohe Erregeranzahl aufweisen und somit zur Gefahr für alle Personen werden, die mit ihnen umgehen müssen. Ausschlaggebend für die Infektiosität von Verstorbenen sind die Art des Erregers, der mögliche Übertragungsweg und die zeitliche Überlebensfähigkeit des Erregers in Körperflüssigkeiten oder im Körper eines Verstorbenen. Auf eine innere Leichenschau sollte daher möglichst verzichtet werden. Wenn Sie zwingend notwendig ist, sollte sie unter den Bedingungen der Sicherheitsstufe 3 oder 4 durchgeführt werden. Das mit der Leichenschau beauftragte Personal ist mit PSA auszustatten und sollte im Umgang mit PSA geschult sein.

Religiöse und weltanschauliche Wünsche sind grundsätzlich zu respektieren. Bei einem hochpathogenen Erreger ist jedoch von einer rituellen Waschung, einer Aufbahrung des Verstorbenen, dem Abschiednehmen am offenen Sarg und von einer Erdbestattung generell abzuraten. Ebenso sollten eventuell vorhandene Implantate wie Herzschrittmacher nicht entfernt werden, müssen aber bei der Feuerbestattung berücksichtigt werden.

Der Verstorbene sollte vollständig mit einem speziellen Absorbens bestreut werden, um austretende Körperflüssigkeiten zu binden. Anschließend ist der Verstorbene in zwei formalingetränkte Tücher (10%ige Lösung) zu hüllen und in zwei gut verschließbare, flüssigkeitsdichte, nach den Richtlinien des Vereins Deutscher Ingenieure (VDI) normierte Leichenhüllen aus Kunststoff („bodybag") zu legen. Nachdem die Hüllen mit flüssigkeitsdichtem Klebeband verschlossen wurden, ist notwendig, diese von außen mit einem geeigneten Desinfektionsmittel zu desinfizieren (siehe Kapitel Desinfektion). Der so verpackte Leichnam kann ausgeschleust und eingesargt werden, wobei der Boden des zu verwendenden Holzsarges mit einer ausreichend hohen Schicht (mindestens 5 cm) aufsaugender Stoffe (Sägemehl, Hobelspäne, Vlies u.ä.) bedeckt sein muss. Der Leichnam ist der Feuerbestattung zuzuführen. Eine zweite Leichenschau sollte möglichst unterlassen oder bereits bei der Einsargung unter entsprechenden Sicherheitsmaßnahmen durchgeführt werden.

Entsorgungsmanagement

Die entstehenden Abfälle sollten möglichst in unmittelbarer Nähe des Anfallortes der Abfälle desinfiziert werden. Gegenstände, die mit Erregern, die auch aufgrund §17 Infektionsschutzgesetz besondere Beachtung erfordern, kontaminiert sind und die nicht sicher desinfiziert werden können, sind gemeinsam mit der benutzten und dekontaminierten PSA nach Abfallschlüssel 180103* zu entsorgen.

Für den Transport zur Sonderabfallverbrennungsanlage (SAV) muss entsprechend dem ADR der mit L4-Erregern kontaminierte Abfall grundsätzlich nach der Verpackungsvorschrift P620 mit der Kennzeichnung UN 2814 verpackt werden. Da in der Praxis hierzu aktuell nicht ausreichend große Behältnisse zur Verfügung stehen, kann der Abfall verpackt werden entsprechend der **multilateralen Vereinbarung M315**. Der Transport von ansteckungsgefährlichen Stoffen ist im Wesentlichen durch das ADR geregelt und erfolgt als Klasse 6.2, Kategorie A.

Für die Verbrennung von Abfällen aus Gesundheitseinrichtungen, die mit Erregern der Risikogruppe 4 kontaminiert sind, sind in SAV zusätzlich zu den oben genannten Vorgaben keine weiteren Sonderregelungen notwendig. Aus bestehenden Verträgen oder Andienungsverpflichtungen zu diesem Abfallschlüssel leitet sich für den Betreiber der SAV eine Entsorgungsverpflichtung ab.

Bei Erregern, die nicht unter die **ADR Klasse 6.2 Kat. A Infectious Substances** fallen bzw. bei denen ausschließlich Kulturen unter die Kat. A fallen, kann der Krankenhausabfall wie anderer infektiöser Abfall nach der Verpackungsvorschrift UN 3291 verpackt und entsprechend der Mitteilung der Bund/Länder-Arbeitsgemeinschaft Abfall (LAGA) 18 zur

Vollzugshilfe zur Entsorgung von Abfällen aus Einrichtungen des Gesundheitsdienstes der Entsorgung zugeführt werden.

Abfälle, an deren Sammlung und Entsorgung aus infektionspräventiver Sicht keine besonderen Anforderungen gestellt werden, können nach AS 18 01 04 entsorgt werden.

Annex-Abkürzungen

Akürzungen

ABAS Ausschuss für Biologische Arbeitsstoffe beim Bundesministerium für Arbeit und Soziales

ADR Accord européen relatif au transport international des marchandises Dangereuses par Route (Europäische Übereinkommen zur internationalen Beförderung gefährlicher Güter auf der Straße)

AFT Analytische Task Force

BBK Bundesamt für Bevölkerungsschutz und Katastrophenhilfe (https://www.bbk.bund.de)

BMG Bundesministerium für Gesundheit (https://www.bundesgesundheitsministerium.de)

BMI Bundesministerium des Innern, für Bau und Heimat (https://www.bmi.bund.de)

BMU Bundesministeriums für Umwelt, Naturschutz und nukleare Sicherheit (https://www.bmu.de)

CBRN chemisch, biologisch, radiologisch und nuklear

HCID High Consequence Infectious Diseases (Infektionskrankheiten mit starken Konsequenzen)

FFP Filtering Face Piece (partikelfiltierende Gesichtsmasken)

GGVSEB Gefahrgutverordnung Straße, Eisenbahn und Binnenschifffahrt

IfSG Infektionsschutzgesetz

IGV Internationalen Gesundheitsvorschriften

MANV Massenanfall von Verletzten

PEP Postexpositionsprophylaxe

PPE Personal Protective Equipment

PSA Persönliche Schutzausrüstung

RKI Robert Koch-Institut (https://www.rki.de)

SARS Schweres Akutes Respiratorisches Syndrom

STAKOB Ständiger Arbeitskreis der Kompetenz- und Behandlungszentren

TRBA Technische Regeln für Biologische Arbeitsstoffe

VHF Virales hämorrhagische Fieber

.

Annex-Checkliste: Gesundheitsamt im Krisenmodus

Worum geht es?:	Titel:	Gesundheitsamt im Krisenmodus
Addressaten:		Datum:

Alarmierung

☐ Regelung zum Eingang von Alarmmeldungen (über Rufbereitschaft?)

☐ Checkliste für den ersten Alarmempfänger/Rufbereitschaftsdienst

☐ Alarmierungsliste (szenarienabhängig)

☐ interne Alarmierungsliste Gesundheitsamt

☐ Benachrichtungsliste externe Ansprechpartner/-innen

Zugangsregelung Gesundheitsamt

☐ Zugangsberechtigte Personen

☐ Organisatorische Zugangsregelung (welche Zugänge, Ort Schlüsselkasten etc.)

Organisation

☐ Struktur und Umfang der Funktionen festlegen

☐ Einbindung des Arbeits-/Krisenstabes in die Krisenstabsstrukturen der Region beachten

☐ Aufwachsen einer Lage bei der Einrichtung des Stabes berücksichtigen

☐ Arbeitsauftrag bestimmen und mit Behördenleitung abstimmen

☐ Prozessabläufe/Kommunikationswege bestimmen

☐ Regelmäßige Abläufe z.B. für Lagebesprechungen festlegen (Termintafel)

☐ Fachliche Arbeitsschwerpunkte festsetzen, Personal zuordnen und Verantwortlichkeiten festlegen

Personelle Vorsorge

☐ Übersicht der zu besetzenden Funktionen

☐ Übersicht verfügbarer Mitarbeiterinnen und Mitarbeiter

☐ Personalplanungsübersicht

☐ Muster für Dienstplan

☐ Personalanwesenheitsübersicht

☐ Beteiligung Personalrat

☐ Überstundenanordnungen, Urlaubssperre

☐ Fremdsprachenkenntnisse des Personals

☐ ggf. personelle Besetzung Bürgertelefon

☐ Unterstützung Verwaltung (Personaleinsatz, Dienstplanung)

☐ Externe Fachberater/-innen aus anderen Behörden und Einrichtungen

Leitung des Stabes

☐ Personen auswählen, Stellvertretung bedenken

☐ Checkliste für die Aufgaben erstellen

☐ Wie wird die Auftragskontrolle durchgeführt?

Lagedarstellung

☐ Geeignetes Personal bestimmen und ausbilden

☐ Verfügbare Daten aus vorhandenen Quellen

☐ Muster Einsatztagebuch (Link Vorlage)

☐ Muster Lagebericht

Infrastruktur (Räume, Technik)

Details siehe gesonderte Checkliste

☐ Raumplan

☐ Technische Ausstattung

☐ Ausweichstandort

Organisation

Fachliche Inhalte, FAQ

☐ Zuständigkeit für die Erarbeitung

☐ Quellen (RKI, BMG, WHO etc.)

☐ Erstellung von Handunterlagen für die Arbeitsplätze/Aktualisierung

Personelle Besetzung Bürgertelefon

☐ Fachliche Betreuung (möglichst externe Kräfte, Honorarverträge)

☐ Besetzung der Hotline (Schichtwechsel alle 4 -6 Stunden)

☐ Dienstplan

Einrichtung: *Version:*

Bearbeiter/in: Ablage:

Annex-Checkliste: Kommunikation

Worum geht es?	*Titel:*	*Kommunikation*
Addressaten:		Datum:

Auswahl der Kommunikationsform

☐ Presse-Erklärung

☐ Pressekonferenz/Experteninterview

☐ Bürgertelefon/Hotline

☐ Häufige Fragen (frequently asked questions/FAQ)-Listen

☐ Internetauftritt der Verwaltungseinheit

☐ Soziale Medien (z-B. Twitter, Instagram)

Inhaltliche Vorbereitung

☐ Was ist die derzeitige Situation?

☐ Was ist wann und wo passiert?

☐ Welche Schäden liegen vor?

☐ Wieviel Personen (Anzahl) sind betroffen?

☐ Was zeichnet sich ab? best-case vs. worst-case Entwicklungen

☐ Was wurde bisher von den Behörden unternommen?

☐ Was ist von den Behörden geplant? Aktivitäten?

☐ Wer wird betroffen sein? Welche (Verhaltens-)Regeln ergeben sich aus dem Ereignis?

☐ Welche Fachinformationen sind relevant?

☐ Welche Informationen halten Landes-/Bundeseinrichtungen vor?

☐ Welche allgemeinverständlichen Informationen sind relevant?

☐ Was ist die Hauptnachricht für die Allgemeinbevölkerung?

Pressemitteilung

☐ Was? Wann? Wo? Wer?

☐ Anspechpartner/in

☐ Datum, ggf. Uhrzeit

☐ Webseite, Soziale Medien, ggf. weiterführende Informationen und Kontaktdaten

☐ Pressesprecher

☐ andere kompetente Ansprechpartner, wie z.B. Feuerwehr, Polizei, Obere Gesundheitsbehörden, Ministerien/Senatsverwaltung

Checkliste Pressekonferenz

(auf der Basis von Vorarbeiten von Christoph Lang, ehemals Leiter Pressestelle, Senatsverwaltung für Gesundheit, Pflege und Gleichstellung)

Einladung

☐ Zeitpunkt, Ort & Dauer festlegen

☐ Begleitung Presse (ggf. vor Ort)

☐ Raum für Einzelinterview (Radio, Podcasts, Fernsehen) festlegen

☐ Pressemappe vorbereiten

☐ vorbereitete Interviewpartner festlegen

☐ Telefonische Erreichbarkeit festlegen

Absperrung/Zugangsbeschränkung

☐ Briefing für Sicherheitsdienst

Presseraum

☐ Catering (z.B. Getränke, einfacher Imbiss, wie z.B. belegte Brötchen)

☐ Arbeitsmöglichkeit: Stühle und Tische

☐ ausreichend Steckdosen (evtl. Mehrfachsteckdosen bereit halten) für Aufladen von Smartphones und Notebooks

☐ idealerweise auch W-LAN (evtl. Zugangscode hinterlegen!)

☐ Stellwände, Flipcharts vorbereiten

☐ Fernsehtauglichen Hintergrund festlegen für Interviews

Journalistenbegleitung/-betreuung

☐ ständig anwesende, geschulte Person (Pressesprecher/in)

☐ alternativ durch ständige Erreichbarkeit?

☐ Telefonische Erreichbarkeit festlegen, ggf. Hotline

Regelmäßige Pressebriefings

☐ wer spricht?

☐ betroffene Person/en informiert?

☐ Medientraining absolviert?

☐ Experten vor Ort? In Kontakt mit Medienvertretern?

Einrichtung:	Version:
Bearbeiter/in:	Ablage:

Annex-Checkliste: Infrastruktur und Ausstattung im Krisenstab

Worum geht es?	**Titel:**	**Infrastruktur und Ausstattung im Krisenstab**
Addressaten:		Datum:

Räume

☐ Raum für die Stabsarbeit vorbereiten.

☐ Raum für die Lagebesprechungen auswählen.

☐ IT-Technik vorbereiten.

☐ Schlüsselorganisation

IT-Ausstattung

☐ Bereitstellung zusätzlicher I-Arbeitsplätze (Notebooks)

☐ Kopiergerät und Drucker in der Nähe des Stabsraumes installieren.

☐ Beamer bereithalten.

☐ Zentrales Gruppenpostfach für den Stab einrichten.

☐ Zentrales Datenverzeichnis anlegen.

☐ Funktionsbezogenen Accounts einrichten lassen.

☐ Zugang Twitter und Facebook einrichten und Verfügbarkeit am Arbeitsplatz prüfen.

☐ Redundanter IT-Anschluss unabhängig vom Hausnetz

Telefon und Telefax

☐ Besondere Telefonanschlüsse für Krisensituationen bereithalten.

☐ Besondere Telefaxanschlüsse für Krisensituationen bereithalten.

☐ Zentrale Erreichbarkeit des Stabes festlegen und kommunizieren.

☐ Personelle Besetzung um zentrale Erreichbarkeit des Stabes sicherzustellen.

☐ Anrufbeantworter für die zentrale Erreichbarkeit des Stabes einrichten.

☐ Sammelrufnummer für ein Bürgertelefon einrichten (mit Anrufbeantworter).

☐ Rufumleitungen technisch vorbereiten (Handlungsanweisung).

☐ Fernsprechapparat für Telefonkonferenzen vorhalten.

☐ Redundante Telefonmöglichkeit schaffen (Festnetz unabhängig vom Hausnetz und/oder zusätzlich Mobiltelefone - Prepaid mit Aktivierung im Einsatzfall)

Büroausstattung/Technik

☐ Tafel, Flipchart für Lagedarstellung

☐ Whiteboard für den Stabsraum

☐ Tafel für die Dokumentation der Aufgaben

☐ Kopiergerät und Drucker in der Nähe des Stabsraumes installieren.

☐ Garderobenschränke für Fremdpersonal

☐ Uhren im Stabsraum aufhängen.

Material

☐ Grundausstattung an Büromaterial bereitstellen

☐ Moderationskoffer

☐ Geschirr, Gläser, Kaffeemaschine

☐ Landkarten (ggf. elektronisch)

Vorlagen

☐ Verteilerlisten vorbereiten und im Einsatz aktualisieren.

☐ Mustervordruck für Gesprächnotizen

☐ Muster für Einsatztagebuch

☐ Muster für Protokolle

Einrichtung:	*Version:*
Bearbeiter/in:	Ablage:

Annex-Checkliste: Planungshilfe Gesundheitsämter

Worum geht es?	**Titel:**	**Planungshilfe Gesundheitsämter**
Addressaten:		Datum:

Koordination

☐ Lageabhängige Entscheidung über interne Führungsorganisation

☐ Koordinierung der Maßnahmen

☐ Dokumentation und Evaluierung

☐ Kontinuierliche Evaluierung des Ereignisses

☐ Demobilisierung

Risikomanagment

☐ Risikobewertung

Personalmanagement

☐ Verstärkung der Personalressourcen (z. B. Umschichtung aus Bereichen, die auf Grund des Aussetzens elektiver Aufnahmen weniger Personal binden; Berücksichtigung von Medizinstudenten im letzten Ausbildungsjahr etc.)

☐ erkranktes Personal mit Symptomen aus der Patientenversorgung ausschließen

Kommunikation

☐ Risiko- und Krisenkommunikation

☐ Kommunale interne Kommunikation

☐ Aufklärung der Bevölkerung

☐ Fachliche Vorbereitung der Pressearbeit, ggf. Hotline einrichten

Ausbruchuntersuchung

☐ Arbeitsschutz, Sicherstellung der Versorgung mit persönlicher Schutzausrüstung

☐ infektionsepidemiologische Routine-Erfassung

☐ Ermittlung von Kontaktpersonen, Kategorisierung von Kontaktpersonen

☐ Festlegen von antiepidemischen Maßnahmen nach IfSG

☐ Anordnung von diagnostischen Maßnahmen & Entscheidung über das Untersuchungsspektrum

☐ Regelung der Probenahme und des Probentransports

☐ Schutzmaßnahmen zur Kontaktreduzierung

☐ Organisation und Überwachung des Patienten

☐ Festlegen und Überwachen von Absonderungen

☐ Entscheidung über Art & Umfang der Desinfektionsmaßnahmen und deren Überwachung

☐ ggf. Entscheidung über Dekontaminationsmaßnahmen

Beratung

☐ Hinweise zu Verhaltensmaßnahmen für Betroffene

☐ Wahrnehmung der Informations- und Beratungsaufgaben für andere Behörden, Einrichtungen und für die Bevölkerung

☐ Hotline einrichten

ORDNUNGSRECHTLICHE AUFGABEN

☐ Amtsärztliche Veranlassung der Absonderung

☐ Anordnung der Leichenschau, Beurkundung eines Sterbefalles, Überwachung des Leichentransports und der Kremierung

☐ Anordnung von Tätigkeits-, Teilnahme- und Besuchsverboten

☐ Anordnung von Quarantäne und Isolierung

☐ Entsorgungmanagement

☐ ggf. Koordination von Impfungen

☐ ggf. Organisation der Postexpositionsprophylaxe

Einrichtung :	*Version:*
Bearbeiter/in:	Ablage:

Annex-Checkliste: Planungshilfe Krankenhäuser

Die folgende Checkliste basiert auf Ausführungen des Nationalen Pandemieplans Teil I (https://edoc.rki.de/handle/176904/187)

Worum geht es?	**Titel:**	**Planungshilfe Krankenhäuser**
Addressaten		Datum

Hintergrund

Bei einer ausgeweiteten Epidemie/Pandemie ist davon auszugehen, dass im Vergleich zu einem begrenzten Ausbruch die Anzahl der Erkrankten insgesamt als auch der Anteil schwer erkrankter Patienten deutlich erhöht ist. Daher ist mit einer erhöhten Belastung, ggf. Überlastung der Kapazitäten, in der stationären Krankenhausversorgung zu rechnen.

CAVE: Das (medizinische, pflegerische, u.a.) Personal kann selbst von krankheitsbedingten Ausfällen betroffen sein und bestehenden Kapazitäten können so eingeschränkt sein.

Der massenhafte Anfall von stationär behandlungsbedürftigen Patienten, die teilweise intensiv-/beatmungspflichtig sind, erfordert in den Krankenhäusern klare Festlegungen bezüglich der organisatorischen Umsetzung.

Die Planungen und Vorbereitungen auf kommunaler Ebene (z.B. Kreisebene) erfordern die Einbeziehung aller Krisen- und Katastrophenreaktionsstrukturen.

Vorbereitende Maßnahmen

☐ Impfung des Personals gegen saisonale Influenza

☐ Anpassung der Notfallpläne, insbesondere Krankenhäuser, Gesundheitsämter an Pandemieplanung

☐ Information und Schulung des Personals über Notfallpläne und Hygienemanagement

Organisatorische Maßnahmen zur Sicherstellung der stationären Versorgung

☐ Schaffung/Erhöhung der Bettenkapazitäten für zusätzliche Patienten

☐ Aussetzen elektiver Aufnahmen

☐ Entlassung von Patienten zum frühestmöglichen Zeitpunkt

☐ Einbeziehung anderer Stationen (z. B. Haut, Augen – unter Berücksichtigung der pandemiespezifischen Anforderungen)

Personalmanagement

☐ Verstärkung der Personalressourcen (z. B. Umschichtung aus Bereichen, die auf Grund des Aussetzens elektiver Aufnahmen weniger Personal binden; Berücksichtigung von Medizinstudenten im letzten Ausbildungsjahr etc.)

☐ erkranktes Personal mit Symptomen aus der Patientenversorgung ausschließen

Bevorratung bzw. Managementkonzept für rasche Beschaffung im Ereignisfall

☐ Antibiotika, Schmerzmittel, Sedativa

☐ Desinfektionsmittel

☐ Persönliche Schutzausrüstung:

☐ ☐ Einmalhandschuhe

☐ ☐ Mund-Nasen-Schutz

☐ ☐ FFP2-Masken/FFP3-Masken

Information und Schulung des Personals

☐ Regelmäßige Auffrischung des Informationsstands des Personals:

☐ ☐ organisatorische Vorbereitungen

☐ ☐ Ablaufpläne

☐ ☐ Hygienemanagement

☐ Spezifisches Schulungsangebot für Personal, das aus anderen Bereichen umgeschichtet wird, zur Behandlung und Pflege von Patienten

Maßnahmen zum Personalschutz

☐ ggf. Antivirale Prophylaxe

☐ ggf. Impfung

Ausstattung der Behandlungseinheiten

☐ Kohortenisolierung muss möglich sein; d.h. „Stationsschleuse" bzw. Schleuse im Eingangsbereich eines komplett als Behandlungseinheit genutzten Gebäudes

☐ Raumlufttechnische Anlage ist dahingehend zu überprüfen, durch welche Maßnahmen eine Weiterverbreitung in andere Krankenhausbereiche verhindert werden kann

☐ Möglichkeit der Sauerstoffversorgung (möglichst zentral)

☐ Beatmungsplätze

☐ medizintechnische Ausrüstung (z. B. Katheder, Infusionsgeräte, Medikamente)

☐ Röntgengeräte (z. B. auch mobile Röntgengeräte)

☐ Ultraschall, EKG, Defibrillatoreinheit, Pulsoxymetrie

Ablauforganisation

☐ Gesonderter Aufnahmebereich für infektiöse Patienten

☐ Aufnahme-Indikation prüfen

☐ Behandlungsbereich von der übrigen Versorgung abgetrennt, nach Möglichkeit auch Röntgenbereich einbeziehen

☐ Dem Behandlungsbereich sollte ein Intensivbereich zugeordnet werden

☐ Management der Bettenkapazitäten

Krankenhaushygienische Maßnahmen

Wichtige fachliche Empfehlungen enthalten folgende Quellen:

☐ RKI: Empfehlung des RKI für die Hygienemaßnahmen bei Patienten mit Verdacht auf bzw. nachgewiesener Influenza

☐ BAuA: Beschluss 609 – Arbeitsschutz beim Auftreten von Influenza unter besonderer Berücksichtigung des Atemschutzes

Darüber hinaus sind die Hygienepläne zu überprüfen.

☐ Persönliche Schutzmaßnahmen des medizinischen Personals

☐ Entsorgung von Abfall nach Abfallschlüssel AS 180104 gem. LAGA

☐ Interner Patiententransport

Der Patient trägt nach Möglichkeit Mund-Nasen-Schutz, das Personal Schutzkleidung und Atemschutzmaske. Kontaktflächen und Transportmittel sind unmittelbar nach dem Transport zu desinfizieren.

☐ Umgang mit Verstorbenen

Der Umgang mit an COVID-19 Verstorbenen erfordert (bisher: Stand 04-März 2020) kein spezielles Containment wie bei hochkontagiösen Infektionskrankheiten anderer Genese; vom Umgang mit infektiös Verstorbenen geht bei Einhaltung üblicher Hygieneregeln keine besondere Infektionsgefahr aus. Der ungeschützte Kontakt mit erregerhaltigen Sekreten ist generell zu vermeiden.

Einrichtung :	*Version.*
Bearbeiter/in:	Ablage:

Annex-Vorlage: Einsatztagebuch

Titel/Überschrift

Datum / Uhrzeit	Ereignis / Entscheidung	Info von	Auftrag für	erledigt Datum / Uhrzeit

Annex-Vorlage: Format Checklisten

Im Folgenden stellen wir eine Checklistvorlage zur Verfügung für die Entwicklung eigener Checklisten.

Checkliste – TITEL (Vorlage für Format einer Checkliste)

Kopfzeile

Worum geht es? (TITEL, Diese Formatinformation sollte eine Checkliste mindestens enthalten)	*Titel:*	*Kurz&Knapp*
Addressaten (z.B. Alle Ersteller/innen der Checkliste)		Datum (TAG.MONAT.JAHR, 04.03.2020)

Checklisten sind kein Allheilmittel. Sie ersetzen prinzipiell nicht Ihr besonderes Wissen und Ihre kreativen Lösungen für ein/das Problem. Sie können Sie aber sehr gut bei wiederkehrenden Aufgaben im Arbeitsalltag unterstützen und entlasten.

CAVE: Ein Nachteil von Checklisten ist, dass bei der Abarbeitung der Checkliste die Gefahr besteht, etwas zu übersehen, was in der Checkliste nicht abgefragt wird.

Wozu brauche ich Checklisten?

☐ vermeiden, dass Sie etwas vergessen

☐ erlauben Überblick über komplexe Sachverhalte

☐ dienen zur strukturierten Bearbeitung und Abarbeitung von Sachverhalten

☐ unterteilen komplexe Aufgaben in überschaubare Portionen

☐ erlauben Arbeitsabläufe zu standardisieren und damit effizientes Arbeiten

☐ schaffen Überblick, Kontrolle und Dokumentation von Arbeitsabläufen durch "Abhaken" von erledigten Aufgaben

☐ sind wertvolle Arbeitshilfen, um Aufgaben an eine Vertretung zu übergeben

Wie erstelle ich eine Checkliste?

☐ Erstellen Sie Ihre spezifische Vorlage, in der immer der Titel der jeweiligen Checkliste, der Name der Einrichtung und des/r Bearbeiters/in und das Datum bzw. die Version dokumentiert sind. Zusätzlich können Sie noch eintragen, wo Sie die Checkliste abgelegt/gespeichert haben.

☐ Aufgabenliste erstellen:

1. alle relevanten Punkte /Arbeitsschritte aufschreiben

2. mit Kollegen/Vorgesetzten besprechen und auf Vollständigkeit prüfen

3. Themen chronologisch / ordnen

☐ Ihre Liste lässt sich am besten in der praktischen Arbeit testen. Wenn Sie einen speziellen Fall das erste Mal bearbeiten, wird es wahrscheinlich noch nicht perfekt laufen – eine Chance, die Checkliste zu überarbeiten.

FUSSZEILE

Einrichtung: (z.B. GESUNDHEITSAMT LEIPZIG)	Version: (REV_01)
Bearbeiter/in: (MAXIMA MUSTERFRAU	Ablage: (c:ordnerX/ordner/xY/da teiname.doc)

Annex-Websites

Webseiten A-Z

Allgemeine Prinzipien der Risikoeinschätzung und Handlungsempfehlung für Großveranstaltungen, RKI.
https://www.rki.de/DE/Content/InfAZ/N/Neuartiges_Coronavirus/Risiko_Grossveranstaltungen.pdf

Analytische Task Force (ATF), BBK:
https://www.bbk.bund.de/DE/AufgabenundAusstattung/CBRNSchutz/ATF/ATF_node.html

Ausgewählte zentrale Begriffe des Bevölkerungsschutzes, BBK.
https://www.bbk.bund.de/SharedDocs/Downloads/BBK/DE/Publikationen/Praxis_Bevoelkerungsschutz/Glossar_2018.pdf

Ausschuss für Biologische Arbeitsstoffe (ABAS), BAuA.
https://www.baua.de/DE/Aufgaben/Geschaeftsfuehrung-von-Ausschuessen/ABAS/ABAS_node.html

Beschluss Nr. 1082/2013/EU des Europäischen Parlaments und des Rates zu schwerwiegenden grenzüberschreitenden Gesundheitsgefahren, EU. https://eur-lex.europa.eu/legal-content/DE/TXT/HTML/?uri=CELEX:32013D1082&from=DE

Biostoffverordnung (BioStoffV). https://www.gesetze-im-internet.de/biostoffv_2013/BJNR251410013.html

Ergänzungen zum Nationalen Pandemieplan - COVID 19 - neuartige Coronaviruserkrankung, RKI.
https://www.rki.de/DE/Content/InfAZ/N/Neuartiges_Coronavirus/Ergaenzung_Pandemieplan_Covid.html

Ebolaverdachtsfall, RKI.
https://www.rki.de/DE/Content/InfAZ/E/Ebola/Rahmenkonzept_Ebola.pdf

Einrichtungen des Gesundheitswesens (TRBA 250), BAuA.
https://www.baua.de/DE/Angebote/Rechtstexte-und-Technische-
Regeln/Regelwerk/TRBA/TRBA-250.html

**Empfehlungen für die Probenahme zur Gefahrenabwehr im
Bevölkerungsschutz, BKK.**
https://www.bbk.bund.de/SharedDocs/Downloads/BBK/DE/Publikationen
/PublikationenForschung/Fib_Band5_2teAuflage.pdf

**Empfehlung: Personelle und organisatorische Voraussetzungen zur
Prävention nosokomialer Infektionen, RKI.**
https://www.rki.de/DE/Content/Infekt/Krankenhaushygiene/Kommission/
Downloads/Rili_Hygmanagement.pdf

**Estimated Personal Protective Equipment (PPE) Needed for
Healthcare Faciliies, CDC.** https://www.cdc.gov/vhf/ebola/healthcare-
us/ppe/calculator.html

**Europäisches Übereinkommen zur internationalen Beförderung
gefährlicher Güter auf der Straße (Accord européen relatif au
transport international des marchandises Dangereuses par Route,
ADR), UNECE.**
https://www.unece.org/fileadmin/DAM/trans/danger/publi/adr/ADRaccor
d_f.pdf

**Fachwörter zum Infektionsschutz und zur Infektionsepidemiologie,
RKI.**
https://www.rki.de/DE/Content/Service/Publikationen/Fachwoerterbuch_
Infektionsschutz.pdf

**Feuerwehr-Dienstvorschrift „Einheiten im ABC – Einsatz" (FwDV
500), BBK.**
https://www.bbk.bund.de/SharedDocs/Downloads/BBK/DE/FIS/Download
sRechtundVorschriften/Volltext_Fw_Dv/FwDV%20500-2012,1.pdf

**Feuerwehr-Dienstvorschrift „Führung und Leitung im Einsatz"
(FwDV 100), BBK.**

https://www.bbk.bund.de/SharedDocs/Downloads/BBK/DE/FIS/Download
sRechtundVorschriften/Volltext_Fw_Dv/FwDV%20100.pdf

Gefahrgutverordnung Straße, Eisenbahn und Binnenschifffahrt (GGVSEB). https://www.gesetze-im-internet.de/ggvseb/BJNR138900009.html

Gesundheit schützen, Risiken erforschen, RKI. https://www.rki.de/DE/Content/Institut/OrgEinheiten/Institutsbroschuer e.html

Guidance on regulations for the Transport of Infectious Substances, WHO. https://www.who.int/csr/resources/publications/biosafety/WHO_HSE_EP R_2008_10.pdf

Hinweise zum ambulanten Management von COVID-19-Verdachtsfällen, RKI. https://www.rki.de/DE/Content/InfAZ/N/Neuartiges_Coronavirus/ambula nt.html

Hinweise zur Bildung von Stäben der administrativ – organisatorischen Komponente, BKK. http://www.bbk.bund.de/SharedDocs/Downloads/BBK/DE/FIS/Downloads RechtundVorschriften/IMKBeschluesse/IMK174TOP26Anlg2.pdf

Hinweise zur Benutzung von Atemschutzgeräten, DGUV. https://publikationen.dguv.de/regelwerk/regeln/1011/benutzung-von-atemschutzgeraeten

Infektionsgefährdung im Rettungsdienst, LIA. https://www.lia.nrw.de/themengebiete/Arbeitsschutz-und-Gesundheit/Biostoffe/Infektionsgefaehrdung-im-Rettungsdienst/index.html

Infektionskrankheiten A-Z, RKI. https://www.rki.de/DE/Content/InfAZ/InfAZ_marginal_node.html

Internationale Gesundheitsvorschriften, RKI.

https://www.rki.de/DE/Content/Infekt/IGV/Gesetz_IGV_de-en.pdf

Infectious Substances, Klasse 6.2 Kat. A, ADR.

(https://adrbook.com/en/2017/ADR/2.2.62

Influenza-Pandemieplanung, RKI.

https://www.rki.de/DE/Content/InfAZ/I/Influenza/Pandemieplanung/Pan
demieplanung_Node.html

**Kommission für Krankenhaushygiene und Infektionsprävention,
RKI.**

https://www.rki.de/DE/Content/Kommissionen/KRINKO/krinko_node.htm
l

**Leitfaden Biological Incident Response & Environmental Sampling,
EU.**

https://ec.europa.eu/health/ph_threats/com/preparedness/docs/biological
.pdf

Leitfaden Krisenkommunikation, BMI.

https://www.bmi.bund.de/SharedDocs/downloads/DE/publikationen/the
men/bevoelkerungsschutz/leitfaden-krisenkommunikation.pdf

**Liste der geprüften und anerkannten Desinfektionsmittel und -
verfahren, RKI.**

https://www.rki.de/DE/Content/Infekt/Krankenhaushygiene/Desinfektion
smittel/Desinfektionsmittelliste/Desinfektionsmittelliste_node.html

Matrix aus Schadensausmaß und Eintrittswahrscheinlichkeit, BBK.

https://www.bbk.bund.de/SharedDocs/Downloads/BBK/DE/Downloads/Kr
isenmanagement/matrix_abb.html

Multilateralen Vereinbarung M315, RKI.

https://www.rki.de/DE/Content/InfAZ/E/Ebola/Muster_Verpackungsanleit
ung.pdf

Pulverfund, RKI.
https://www.rki.de/DE/Content/Infekt/Biosicherheit/Poststellen/Pulverfu
nd.pdf

**Ratgeber für Notfallvorsorge und richtiges Handeln in
Notsituationen, BBK.**
https://www.bbk.bund.de/SharedDocs/Downloads/BBK/DE/Publikationen
/Broschueren_Flyer/Buergerinformationen_A4/Ratgeber_Brosch.pdf

**Richtlinie 89/686/EWG (Richtlinie des Rates vom 21. Dezember 1989
zur Angleichung der Rechtsvorschriften der Mitgliedstaaten für
persönliche Schutzausrüstungen).** https://eur-lex.europa.eu/legal-
content/DE/TXT/?uri=celex%3A31989L0686

Risikobewertung im Bevölkerungsschutz, BBK.
https://www.bbk.bund.de/SharedDocs/Downloads/BBK/DE/Publikationen
/Praxis_Bevoelkerungsschutz/PiB_16_Risikoanalyse_im_Bevoelkerungssc
hutz.pdf

Risikomanagement in Arztpraxen, BÄK.
https://www.bundesaerztekammer.de/fileadmin/user_upload/downloads
/Risikomanagement_in_Arztpraxen.pdf

**Ständige Arbeitskreis der Kompetenz- und Behandlungszentren
(STAKOB), RKI.**
https://www.rki.de/DE/Content/Kommissionen/Stakob/Stakob_node.html

Strukturen und Maßnahmen, Nationaler Pandemieplan Teil 1, RKI.
https://edoc.rki.de/handle/176904/187

Technischen Regeln für Biologische Arbeitsstoffe (TRBA), BAuA.
https://www.baua.de/DE/Angebote/Rechtstexte-und-Technische-
Regeln/Regelwerk/TRBA/TRBA.html

TRBA 130, BAuA. https://www.baua.de/DE/Angebote/Rechtstexte-und-
Technische-Regeln/Regelwerk/TRBA/pdf/TRBA-130.pdf

Übermittlungen im biologischen Bereich, RKI.
https://www.rki.de/DE/Content/Infekt/IfSG/Meldeboegen/Meldung_12/me
ldung_12_node.html

Übermittlungen von Gefahren im chemischen Bereich, BBK.
https://www.bbk.bund.de/SharedDocs/Kurzmeldungen/BBK/DE/2017/IGV
_Meldebogen_Info_WHO_Chemie.html

**Versorgung von Patienten mit hochkontagiösen Erkrankungen
außerhalb von Sonderisolierstationen (Beschluss 610), BAuA.**
https://www.baua.de/DE/Angebote/Rechtstexte-und-Technische-
Regeln/Regelwerk/TRBA/Beschluss-610.html

**Vollzugshilfe zur Entsorgung von Abfällen aus Einrichtungen des
Gesundheitsdienstes, LAGA.** https://www.laga-
online.de/documents/m_2_3_1517834373.pdf

Warn-App NINA, BBK. https://www.bbk.bund.de/DE/NINA/Warn-
App_NINA.html

Ziele von Infektionsschutzmaßnahmen, RKI.
https://www.rki.de/DE/Content/Infekt/EpidBull/Archiv/2020/Ausgaben/07
_20.pdf

Literaturverzeichnis

Kommunikation

Bundesamt für Bevölkerungsschutz und Katastrophenhilfe. 2011. "BBK-Glossar: Ausgewählte Zentrale Begriffe Des Bevölkerungsschutzes." Edited by Bundesamt für Bevölkerungsschutz und Katastrophenhilfe. *Webseite.* https://www.bbk.bund.de/SharedDocs/Downloads/BBK/DE/Publikationen/Praxis_Bevoelkerungsschutz/Glossar_2018.pdf.

———. 2018. "Ratgeber Für Notfallvorsorge Und Richtiges Handeln in Notsituationen ." 2018. https://www.bbk.bund.de/SharedDocs/Downloads/BBK/DE/Publikationen/Broschueren_Flyer/Buergerinformationen_A4/Ratgeber_Brosch.pdf.

Wegwarth, Odette; Gigerenzer, Gerd, Dtsch Arztebl. 2011. "Https://Www.Aerzteblatt.de/Archiv/81152/Risikokommunikation-Risiken-Und-Unsicherheiten-Richtig-Verstehen-Lernen." *Risikokommunikation: Risiken Und Unsicherheiten Richtig Verstehen Lernen*, 2011.

Toolbox

AFKzV. 2012. **"Einheiten Im ABC – Einsatz**."

"RKI, 2020." n.d. https://www.rki.de/DE/Content/Institut/OrgEinheiten/Abt3/FG32/FG32_node.html.

Milton Keynes UK
Ingram Content Group UK Ltd.
UKHW020326100524
442467UK00011B/213

9 783981 287127